새로운 시대, 불변의 복음

THE NEW ERA
UNCHANGEBLE
GOSPEL

이영환 임현수 브라이언 박 박한수 라준석 박호종
폴 칠더스 앤디 버드 남궁성일 데이비드 차 황성은

Revival Surfer

CONTENTS

프롤로그   004

역사는 꿈꾸는 자의 몫이다
이영환   008

Kingdom Dream
임현수   022

부르심
브라이언 박   038

복음은 영원하다
박한수   052

새사람
라준석   072

084	전환기에 살아남기	박호종
098	하나님의 파도를 타라	폴 칠더스
112	돌파를 갈망하는 세대	안디 버드
122	주님이 선포한 복음은 하나님 나라 복음이다	남궁성일
140	왕의 길을 준비하라	데이비드 차
156	새로운 시대, 불변의 복음으로 돌파하라	황성은

프롤로그

2020년 2월 코로나가 전 세계를 강타하며 한국에 착륙했을 때 하나님이 내게 주신 마음은 아주 단순했다. 하나님은 한쪽 문이 닫히면 다른 한쪽 문을 여시고 여전히 하나님의 일을 행하신다는 것이다. 로마군의 위협으로 지상에서 예배할 수 없었던 초대교회 성도들은 땅을 파고 들어가 지하에서 예배드렸다. 마치 이가 없으면 잇몸으로 음식을 먹는 것처럼 그들은 하나님을 갈망했고 영혼의 때를 위해 육신의 때를 희생하며 하나님을 섬겼다.

나는 평소 동역자들에게 '최고의 헌신과 최고의 충성, 최고의 열정'으로 하나님 나라를 위해 달려가자고 외쳤다. 그래서 코로나바이러스가 터졌을 때도 하나님을 예배하며 청년과 다음 세대를 일으키는 사역을 멈추지 않았다. 오프라인이 막히니 온라인으로 파고 들어가 유튜브와 줌을 통해 킹덤 콘퍼런스를 5일 동안 생방송으로 진행했다. 그리고 우리는 지금껏 한 번도 경험치 못한 새롭게 일하시는 하나님의 열심을 보았다. 그렇다. 하나님의 열심은 그 누구도 막을 수 없다. 하나님은 멈출 수 없는 열정으로 하나님의 비전을 위해 달려가는 하나님의 사람들을 찾고 계신다.

2021년 1월, 킹덤 콘퍼런스 강사인 브라이언 박 목사님(CTS 콜링갓 진쟁자, 순회설교자)을 오랜만에 만났다. 반갑게 악수를 하고 자리에 앉자마자 박 목사님이 말씀하셨다. "황 목사님, 축하해요! 업그레이드되셨습니다." 나는 어리둥절했다. 킹덤 콘퍼런스 둘째 날을 진행 중인 터라 많이 피곤했기에 "네, 목사님."라고 대수롭지 않게 대답하며 넘겼다. 그런데 목사님이 또 특유의 미소와 함께 더 정확한 목소리로 힘을 주어 말씀하셨다. "황 목사님, 진심으로 축하드려요! 업그레이드되셨습니다." 나는 비로소 뭔가 느껴지기 시작했다. 그리고 콘퍼런스가 끝났을 때 그 말이 어떤 의미인지 제대로 알 수 있었다.

킹덤 콘퍼런스는 본질을 붙잡고 뜨겁게 예배한다고 알려진 콘퍼런스이다. 2021년 킹덤 콘퍼런스는 온라인으로 진행되었다. 그러나 이전과는 분명히 달랐다. 더 묵직했고 더 강했으며 더 뜨거웠다. 하나님의 사역이 이전과는 완전히 다른 차원으로 진입하게 됨을 느꼈다.

무엇보다 감사한 것은 내가 업그레이드되고 있다. 내가 느낀다. 그리고 나의 사역이 업그레이드되고 있다. 오메가교회는 코로나바이러스와 상관없이 더욱 부흥하고 사역은 활성화되며 함께 달리는 사역자들은 환상적인 팀워크를 이뤄 멋지게 사역하고 있다. 2021년 3월 마지막 주일은 오메가교회 창립 8주년 주일이다. 우리는 엔터테이너들을 위한 서울 오메가웨이브처치 개척을 앞두고 있으며 레바논과 필리핀에 선교사 부부를 파송하고, 이집트에 선교사 가정을 파송한다. 또한 터키에도 선교사 부부와 청년들을 파송한다. 우리는 계속 꿈꾸고 전진하고 있다. 정말 브라이언 목사님 말이 맞다. 나와 나의 사역은 계속 업그레이드되고 있다. 어제보다 더 강해지고, 어제보다 더 넓어지고 있고, 어제보다 더 착한 마음을 가지고 살아간다. 그리고 나는 배운다. 이 모든 것이 하나님의 전적인 은혜임을.

새로운 시대, 불변의 복음! 2021년 겨울에 우리가 붙잡은 메시지이다. 세상이 변하고 코로나바이러스로 온 세상이 얼어붙어도 하나님 말씀은 불변하다. 이것이 우리의 믿음이다. 이 책은 코로나바이러스의 정점에서 하나님을 신뢰하는 킹덤 콘퍼런스 메신저들의 신앙고백이며 이 시대를 향한 예언적이고 강력한 메시지로 구성되었다.

이 책이 나오기까지 많은 분의 섬김과 헌신에 감사한다. 특별히 오메가교회 성도님들과 비전스테이션의 동역자들, 또한 자랑스러운 리바이벌서퍼 출판팀 모두에게 깊은 감사의 마음을 전달하는 바이다.

부디 새로운 시대의 한복판에서 불변의 복음을 붙잡고 승리하기를 바란다.

2021년 3월
황성은

THE NEW ERA
UNCHANGEBLE
GOSPEL

LEE ─── YOU

이영환 한밭제일교회 원로, 장자사역원 대표

이영환 목사는 전 대전성시화 운동 대표회장이며, 극동방송과 CBS 그리고 CTS에서 전국적 방송설교자로, 또한 코스타 강사로도 쓰임 받고 있다. 칠십이 넘은 나이에도 세계를 품고 열방에 하나님의 비전을 선포하고 있다. 현재는 목회자들을 위한 장자권의 회복과 누림 세미나를 통하여 수천 명의 목회자들에게 잃어버린 장자의 영성을 회복하는 일에 헌신하고 있다.

NG HWAN

역사는 꿈꾸는 자의 몫이다

¹⁷ 하나님이 말씀하시기를 말세에 내가 내 영을 모든 육체에 부어 주리니 너희의 자녀들은 예언할 것이요 너희의 젊은이들은 환상을 보고 너희의 늙은이들은 꿈을 꾸리라

행 2:17

인류 역사를 살펴보면 문명의 발달과 역사의 변곡점마다 '꿈꾸는 자'가 있었다. 이 순간에도 다음 세대의 부흥과 하나님 나라의 영광을 위해 새로운 꿈을 꾸고 역사를 창조해나갈 청년들이 일어나기를 간절히 소망한다.

열등감으로 가득 찼던 과거

나는 6.25 전쟁 때 아주 작은 산골 마을에서 태어났다. 그 시절에는 너나 할 것 없이 모두가 가난했다. 보리밥이 없어 죽을 끓여 먹고 풀뿌리와 나무껍질을 벗겨 먹었다. '쌀밥이나 실컷 먹었으면 좋겠다'는 것이 그 시절 나의 유일한 바람이었다. 중학교를 졸업한 후에는 나무를 하고 지게를 지며 밭일과 농사일로 바쁘게 살았다. 많은 꿈을 꿔야 할 청소년기에 나는 어떠한 꿈도 품지 못했다. 그러던 중 18살이 되던 해에 삶의 변곡점이 일어났다. 4가구밖에 없던 우리 마을에 교회가 세워진 것이다.

51년이 지난 지금도 예수님을 만난 그날이 생생하게 기억난다. 늘 열등감에 눌려 할 수 있는 것이 없다고 믿었던 내게 성령님이 찾아오셨다. 말씀이 심령을 관통하며 천지창조는 물론 성경 66권이 그대로 믿어졌다. 그리고 꿈 없던 내게도 꿈이 생겼다. 나는 하나님께 '주의 종'이 되겠노라 서원했고 지방에 있는 신학교에 입학했다.

그 후에도 하나님의 인도하심은 계속됐다. 처음에는 신학교를 졸업한 뒤 섬이나 오지에 가서 노인들을 대상으로 작은 목회를 할 생각이었다. 그러나 하나님의 이끄심으로 나는 대전의 한 작은 교회를 섬기며 목회 여정을 시작하였다.

꿈과 선포

역사는 꿈꾸는 자의 몫이다. 인생도, 믿음도 선포다. 나는 '꿈과 선포'의 다섯 가지 원리를 함께 나누고자 한다.

첫째, 성령님 안에서 거룩하고 위대한 꿈을 품어라.
둘째, 입을 크게 열고 담대하게 당신의 꿈을 믿음으로 선포하라.
셋째, 선포한 꿈을 이루기 위해 최선을 다하라.
넷째, 꿈을 품고 선포하며 최선을 다함과 동시에 하나님께 간절히 기도하라.
다섯째, 꿈이 이루어질 때까지 믿음으로 인내하라.

이 다섯 원리를 행함으로 우리는 어떤 분야에 있든 하나님의 사역자로 쓰임 받을 것이다. 하나님의 사람인 우리는 과학, 예술, 체육, 경제, 교육 등 모든 분야의 정상에 올라 하나님의 복음을 전해야 한다.

하나님이 말씀하시기를 말세에 내가 내 영을 모든 육체에 부어 주리니 너희의 자녀들은 예언할 것이요 너희의 젊은이들은 환상을 보고 너희의 늙은이들은 꿈을 꾸리라
_행 2:17

청년이여, 성령 충만을 사모하라! 청년들은 세상 가운데 많은 죄에 노출돼 있다. 더럽고 음란하며 사악한 것들과 싸워 이기려면 성령 충만해야 한다. 성령이 임하시면 우리는 권능을 받고 예수님의 증인이 될 것이다. 또한, 성령 충만하면 누구든지 꿈을 꿀 수 있다. 나는 사도행전 2장 17절 말씀을 참 좋아한다. 나 같은 늙은이도 꿈을 꾸리라는 소망을 주기 때문이다.

1) 성령 안에서 거룩하고 위대한 꿈을 품어라

인간의 욕망으로 가득 찬 꿈은 출세와 성공, 돈을 벌기 위함이다. 하지만 성령 안에서 품는 꿈은 세상과 구별된 거룩한 꿈이다. 그 꿈이 선포되고 이뤄질 때 하나님의 영광이 나타나고 복음의 거룩한 영향력이 드러날 것이다. 청년이여, 성령 안에서 위대한 꿈을 품고 정상을 정복하라! 그리고 오직 하나님께 그 영광을 돌려라!

2) 입을 크게 열고 품은 꿈을 담대히 선포하라

인생은 선포다. 정상을 정복했던 사람들은 모두 꿈을 품었다. 그리고 입을 열어 그 꿈을 선포했다. 믿음은 선포다.

> 요셉이 그들에게 이르되 청하건대 내가 꾼 꿈을 들으시오 우리가 밭에서 곡식 단을 묶더니 내 단은 일어서고 당신들의 단은 내 단을 둘러서서 절하더이다 _창 37:6-7

요셉은 꿈을 꾼 다음 모두에게 선포했다. 우리도 큰 꿈을 꾸고 입을 열어 선포해 많은 사람이 듣도록 해야 한다. 꿈이 없었던 나도 성령 받은 후 하나님 안에서 꿈이 생겼다. 그리고 하나님은 내가 입을 열어 담대히 선포한 모든 것을 하나도 빠짐없이 다 이루셨다.

여전히 열등감으로 가득 차 있던 신학교 2학년 때 일이다. 나는 자의 반 타의 반으로 한 설교대회에 나가게 됐다. 긴장되고 떨려 대회 전날 밤이 돼서야 원고를 완성했고 완벽히 암송했다. 당일 아침, 나도 모르게 식사 자리에서 1등을 할 것이라는 말이 툭 튀어나왔다. 그 말을 들은 조카들은 비웃었지만, 선포대로 나는 1등을 했고 현장에서 심사하신 교수님이 섬기시는 교회에 전도사로 세워졌다. 이날의 선포가 지금의 나를 만든 것이다.

80년대 나는 아내와 조카 두 명과 함께 첫 교회를 개척하며 3년 안에 예배당을 건축할 것을 선포했다. 선포대로 이뤄지지 않는다면 오지로 나가 목회할 계획이었다. 하지만 하나님은 놀랍도록 신실하시다. 선포보다 빠른 2년 만에 성전이 건축되었고 6~7년이 지나니 성도의 수가 300명이 되었다. 그때 하나님은 3일간 '한밭제일교회를 목양하라.'라는 말씀을 주셨다. '한밭'은 '대전'의 우리말이다. 한밭에서 제일가는 교회가 되려면 무엇이 필요할지 묵상하다 큰 땅이 생각났다. 나는 또다시 믿음으로 대지 3,000평과 성도 3,000명을 선포했다.

> 나는 너를 애굽 땅에서 인도하여 낸 여호와 네 하나님이니 네 입을 크게 열라 내가 채우리라 하였으나 _시 81:10

나는 이 말씀을 근거로 입을 열고 선포했다. 중졸에 지방 신학대를 나온 것이 전부인 내게 하나님은 땅 8,200평과 3,000명의 갑절이 되는 성도를 보내주셨다. 사람의 힘으로는 도저히 이룰 수 없는 꿈을 하나님이 이루셨다. 입을 크게 열고 선포한 대로 행하셨다. 애굽에서 이스라엘 백성을 끌어내신 하나님이 '우리 하나님'이시다. 전능하신 우리 하나님은 지금도 살아서 역사하시며 언약을 신실하게 이루신다. 우리가 말씀에 기초해 입을 크게 열 때 하나님이 일하실 것이다.

> 죽고 사는 것이 혀의 힘에 달렸나니 혀를 쓰기 좋아하는 자는 혀의 열매를 먹으리라 _잠 18:21

죽고 사는 것이 혀의 힘에 달렸다. 우리가 하는 말이 우리의 인생을 견인한다. 주변 사람들의 부정적인 말에 상처받지 말고 힘껏 선포하자.

나는 하나님의 장자다!

나는 하나님의 자녀다!

나는 하나님으로부터 천국을 상속받은 사람이다.

우리의 생사화복이 혀의 힘에 달려있다. 강한 믿음으로 입을 열어 선포할 때 그 선포대로 삶이 펼쳐질 것이다.

> 그들에게 이르기를 여호와의 말씀에 내 삶을 두고 맹세하노라 너희 말이 내 귀에 들린 대로 내가 너희에게 행하리니 _민 14:28

마귀도 우리의 말을 듣고 있다. 우리의 입 밖으로 불신앙적인 말, 비판하는 말, 낙심시키는 말을 끄집어내려 안간힘을 쓴다. 하지만 기억하라! 하나님의 사람은 믿음의 말, 소망의 말, 감사의 말, 기쁨의 말, 생명의 말로 입술을 거룩하게 해야 한다. 세상이 불공평하게 느껴지는가? 현재의 모습이 보잘것없는 것처럼 느껴지는가? 하나님은 우리에게 혀의 권세를 주셨다. 삶을 개척할 힘을 주신 것이다. 입을 크게 열어 축복을 선포하자. 축복의 인생을 개척하자!

3) 선포한 꿈을 위하여 최선을 다하라

20년 전쯤 일이다. 나는 습관처럼 택시에 타자마자 기사님께 복음을 전했다. 묵묵히 듣고만 계시던 기사님이 싱긋 웃으며 대답하셨다.

"저도 학생 때는 열심히 신앙 생활했습니다. 목사님, 그거 아세요? 교회는 그저 기도만 열심히 하라고 합니다. 학생의 본분이 공부라고 가르쳐 주지 않았습니다. 저와 함께 교회에 다녔던 많은 학생이 교회에서 시간만 보내다가 지금은 모두 저처럼 살고 있습니다."

  세상에서 맡은 역할에 최선을 다하지 않고 기도만 해서는 좋은 결과를 얻을 수 없다. 오늘 성령 충만했어도 내일이면 약해질 수 있는 것이 '믿음'이다. 그때 그 택시 기사님의 고백이 내게 큰 깨달음을 줬다. 학생은 열심히 공부해야 한다. 직장인은 직장에서 열심히 일해서 인정받아야 한다. 그리스도인은 맡은 일에 최선을 다해야 한다.

> 게으른 자여 개미에게 가서 그가 하는 것을 보고 지혜를 얻으라 개미는 두령도 없고 감독자도 없고 통치자도 없으되 먹을 것을 여름 동안에 예비하며 추수 때에 양식을 모으느니라 게으른 자여 네가 어느 때까지 누워 있겠느냐 네가 어느 때에 잠이 깨어 일어나겠느냐 좀더 자자, 좀더 졸자, 손을 모으고 좀더 누워 있자 하면 네 빈궁이 강도 같이 오며 네 곤핍이 군사 같이 이르리라 _잠 6:6~11

  개미는 두령, 감독자, 통치자가 없어도 미리 양식을 예비해 추운 겨울을 대비한다. 우리도 부지런히 다가올 시즌을 준비해야 한다. 이제껏 게으르고 나태하게 살았는가? 회개하는 마음으로 이 말씀 앞에 무릎 꿇기를 바란다. 그리고 새롭게 시작하라. 우리는 복음의 선한 영향력을 위해 불신자보다 더 열심히 살아야 한다. 그리스도인이 앞서가는 것이 하나님의 영광이다.

> 내가 이와 같이 낮에는 더위와 밤에는 추위를 무릅쓰고 눈 붙일 겨를도 없이 지냈나이다 _창 31:40

  야곱의 외삼촌은 자기 딸들을 팔고 20년 동안 품삯을 지급하지 않았다. 그런데도 야곱은 '낮에는 더위와 밤에는 추위를 무릅쓰고 눈 붙일 겨를도 없이' 최선을 다했다. 이것이 하나님의 장자권을 가진 야곱의 삶이었다. 그는 입술로 불평과 불만을 쏟아내지 않았다. 사람과 환경에 집중하지 않았다. 그저 하나님 앞에서 최선을 다했을 때 하나님은 빼앗긴 것에 몇 배에 달하는 복을 야곱에게 허락하셨다.

청년이여, '야곱'처럼 살아라. 사람은 속일 수 있어도 하나님은 속일 수 없다. 우리의 인생은 오직 하나님께 달려있다.

4) 꿈을 품고, 선포하고, 최선을 다함과 동시에 하나님께 간절히 기도하라

앞서 설명한 3가지 원리는 하나님을 믿지 않는 사람들에게도 적용될 수 있다. 그러나 그리스도인에겐 어마어마한 무기가 있다. 이는 바로 '기도'이다. 기도는 하나님과 대화하는 통로이자 하나님을 인정하고 의지하는 태도이다. 우리가 꿈을 꾸고 최선을 다할 때 역사하시고 이루시는 분은 '하나님'이시다. 그렇기에 우리는 전적으로 하나님을 의지해야 한다.

나는 43년을 사역하고 은퇴했다. 그동안 내 마음대로 되는 것은 거의 없었다. 하나님이 이끄셨고 행하셨다. 하나님은 선한 목자이시다. 그분이 인도하시는 대로 따라가다 보면 저 건너편에 푸른 초장이 있고 쉴 만한 물가가 기다리고 있다. 하나님은 우리를 그곳으로 인도하시기 위해 가시밭길과 돌밭을 통과하게 하시고 험한 산을 넘게 하신다. 고난, 역경, 절망 가운데 있는가? 기도하라. 기도는 하나님의 손길을 끌어당긴다. 하나님은 언제나 기도하는 자의 편에 서신다.

구하라 그리하면 너희에게 주실 것이요 찾으라 그리하면 찾아낼 것이요 문을 두드리라 그리하면 너희에게 열릴 것이니 구하는 이마다 받을 것이요 찾는 이는 찾아낼 것이요 두드리는 이에게는 열릴 것이니라 _마 7:7~8

하나님은 구하는 자에게 주시고 찾는 자는 찾게 하신다. 그리고 문을 두드리면 열어주신다. 40년 넘게 목회를 하며 수많은 역경과 난공불락의 어려운 장애물들을 만났다. 나는 그때마다 이렇게 기도했다.

"큰 산아, 네가 무엇이냐? 네가 믿음의 사람 앞에서 평지가 되리라!"

교회에 다니고 예수님을 믿는다고 삶이 형통한 것은 아니다. 오히려 예수님을 바르게 믿다 보면 고난과 어려움, 연단을 맞닥트리기도 한다. 삶의 골짜기를 통과할 때 믿음으로 선포하자.

"내가 사망의 음침한 골짜기로 다닐지라도 해를 두려워하지 않을 것은 주께서 나와 함께 하심이라. 주의 지팡이와 막대기가 나를 안위하시나이다."

하나님은 선포대로 역사하신다. 눈앞의 문제를 뛰어넘어 하나님의 은혜와 사랑을 주목하라.

5) 꿈이 이루어질 때까지 믿음으로 인내하라

꿈을 품고 믿음으로 선포한 후에 최선을 다했는가? 그리고 간절히 기도하며 하나님께 맡겨 드렸는가? 이제 마지막 관문이 남았다. 우리는 믿음과 인내로 하나님의 일하심을 기다려야 한다.

사탄은 기도의 응답 직전에 우리를 낙심하게 만든다. 목회를 시작한 지 7년쯤 됐을 때쯤 1억의 빚이 생겼다. 그때 사탄이 나를 공격해왔다.

'네 주제에 이만큼 목회한 것도 과분한 거야. 너는 그릇이 이것밖에 안 돼.'

지금처럼 영적 세계를 다 이해하지 못했던 나는 사탄의 속삭임에 흔들렸다. 내 한계를 인정하며 기독 신문에 후임을 구하는 원고를 썼고 하나님의 응답을 구했다. 그런데 몇 날 며칠을 금식하며 기도로 기다려도 하나님은 침묵하셨다. 기도 응답이 없었기에 나는 그 원고를 신문사에 보내지 못했고, 그 덕분에 놀라운 일을 경험하기 시작했다. 하나님이 빚을 갚게 하시고 계속해서 목회할 수 있는 길을 열어주신 것이다. 나는 이 경험으로 믿음을 가지고 인내하며 하나님의 응답을 기다리는 것이 얼마나 중요한가를 깨닫게 되었다. 꿈을 품고 믿음으로 선포하며 최선을 다해 간절히 기도하고 있는가? 그렇다면 하나님의 때를 기다려야 한다.

우리가 선을 행하되 낙심하지 말지니 포기하지 아니하면 때가 이르매 거두리라
_갈 6:9

이 말씀에서 중요한 것은 '때'이다. 우리는 '나'의 때가 아닌 '하나님'의 때를 기다려야 한다. 낙심하고 절망하면 악한 영에 꽉 잡혀 무너지고 만다. 그러나 인내로 기도하면 성령님이 도우신다. 어떤 어려움이 와도 능히 이길 수 있다. 목회하면서 역경과 어려움을 만날 때마다 나는 금식하며 기도했다. 손과 발이 동상에 걸리고 호흡이 힘들 정도로 건강이 좋지 않았던 때가 있었다. 간신히 주일 설교만 하고 산속 움막에서 기도하며 보내던 쉽지 않은 시간이었다. 그때 포기치 않고 인내했더니 하나님은 고비를 넘기게 해주셨고 엄청난 은혜를 부어주셨다. 50평의 성전에서 2,000평이 넘는 성전이 건축되기까지 3년이라는 시간밖에 걸리지 않

았다. 하나님은 하나님의 때에 거두시고 합력해서 선을 이루게 하신다. 반드시 심은 대로 거두게 하시며 그 위에 축복을 더해 주신다. 절대 포기하지 말라. 불평하고 원망하지 말며 남과 비교하지 말라. 오직 우리의 주인이신 주님만 의지하고 바라보며 인내하라.

이 다섯 원리를 기억하며 믿음의 길을 나아갈 때 하나님은 반드시 역사하신다. 청년과 다음 세대여, 강력한 글로벌 리더로 일어나 복음의 거룩한 영향력을 전파하라!

"있을지어다, 그대로 되니라, 하나님 보시기에 좋았더라."

LIM ── H

임현수 캐나다 큰빛교회 원로

임현수 목사는 150차례 북한을 방문하며 사역하던 중 체포되어 949일을 독방감옥에서 보냈다. 북한 선교에 앞장서던 그는 중앙아시아 선교를 개척하여 10년간 사역했고, 현재는 TMTC를 통한 100만 선교사 시대를 여는 운동과 전 세계적인 교회 지도자들의 회개운동과 GTS를 통한 시니어 선교사 개발과 통대연(통일대축제범민족연합) 운동을 통한 복음화된 통일 조국의 비전을 이루어가는 일에 헌신하고 있다. 대표 저서로 「내가 누구를 두려워하리오」가 있다.

YUN SOO

Kingdom Dream

⁶ 그들이 모였을 때에 예수께 여쭈어 이르되 주께서 이
스라엘 나라를 회복하심이 이 때니이까 하니 ⁷ 이르시
되 때와 시기는 아버지께서 자기의 권한에 두셨으니
너희가 알 바 아니요 ⁸ 오직 성령이 너희에게 임하시면
너희가 권능을 받고 예루살렘과 온 유대와 사마리아
와 땅 끝까지 이르러 내 증인이 되리라 하시니라

행 1:6-8

하나님이 사용하시는 사람: 꿈이 있는 사람

요셉, 다니엘, 에스더, 사무엘, 디모데와 같이 하나님께 쓰임 받은 사람은 모두 꿈꾸는 자였다. 역사를 들여다보면 하나님은 꿈꾸는 자들을 통해 역사를 이뤄가신 것을 볼 수 있다. 역사는 꿈꾸는 자의 것이다. 그리고 그 꿈은 바로 'Kingdom Dream', 즉 하나님 나라를 향한 꿈이다. 당신은 지금 어떤 꿈을 꾸고 있는가?

옛날에 우리는 배가 고파도 꿈이 있었다. 희망이 있었고 사랑이 있었다. 그런데 요즘은 배고픈 시절이 아닌데도 많은 젊은이가 꿈이 없어서 절망한다. 소망이 없어서 하루에 수십 명씩 자살하는 시대가 되었다. 사람은 꿈이 있어야 살아갈 수 있다. 그리고 그 꿈을 주시고 축복하시는 분이 우리 하나님이시다. 또 많은 사람을 이끄는 리더에게 가장 중요한 덕목이 '꿈'이다. 사람들은 조직력, 행정력보다 '꿈'이 있는 지도자에게 이끌린다. '꿈'만큼 강력한 영향력은 없다.

가장 위대한 꿈

우리가 꿀 수 있는 가장 위대한 꿈은 무엇일까? 그것은 바로 '하나님 나라의 꿈, 킹덤 드림'이다. 역사상 가장 위대한 꿈의 사람은 우리 주 예수 그리스도이시다. 예수님은 십자가에서 우리의 모든 죄를 대속하여 돌아가셨고 장사한지 사흘 만에 죽은 자 가운데서 부활하셨다. 그 후 승천하기 전까지 40일 동안 지상에 계시면서 하나님 나라의 꿈을 다시 회복시키셨다.

그들이 모였을 때에 예수께 여쭈어 이르되 주께서 이스라엘 나라를 회복하심이 이 때니이까 하니 이르시되 때와 시기는 아버지께서 자기의 권한에 두셨으니 너희가 알 바 아니요 오직 성령이 너희에게 임하시면 너희가 권능을 받고 예루살렘과 온 유대와 사마리아와 땅 끝까지 이르러 내 증인이 되리라 하시니라 _행 1:6~8

주님이 승천하기 직전에 제자들이 물었다.
"주여, 이스라엘을 회복할 때가 이때입니까?"
주님이 말씀하셨다. "그것은 너희가 알 바 아니요, 아버지께 속한 것이다. 오직 성령이 너희에게 임하시면 너희가 권능을 받고 예루살렘과 온 유대와 사마리아 땅끝까지 이르러 내 증인이 되어라." 이것이 주님의 마지막 분부였다. 하나님 나라의 꿈은 무엇인가? 하나님은 구약에서부터 계속 말씀하셨다.

'복음을 전해서 많은 영혼을 구원하고 나의 자녀로 만들어라. 내 통치가 그들에게 임하게 하고 내 뜻이 그 가운데서 이루어지게 하라. 그래서 이 땅에 내 나라가 확장되게 하라.'

1) 하나님 나라의 꿈을 소망한 사람들

마틴 루터(Martin Luther, 독일의 종교개혁가)는 성경을 독일어로 번역하고 종교개혁을 일으키는 일에 생명을 걸었다. 그가 하나님 말씀과 복음을 위해 목숨을 걸었기 때문에 오늘의 위대한 독일이 존재하는 것이다.

칼뱅(Calvin, 프랑스의 종교개혁가)의 꿈도 하나님 나라였다. 그 또한 목숨걸고 성경을 프랑스어로 번역했고 스위스 제네바를 성경적 행정 도시의 모델로 만들었다. 이어 스위스에서는 츠빙글리(Ulrich Zwingli, 스위스의 종교개혁가)가 종교개혁을 완성했다.

그룬트비(Grundtvig, 덴마크의 신학자)의 꿈도 하나님 나라였다. 그 꿈이 오늘의 위대한 덴마크를 만들었다. 그룬트비 목사님은 덴마크의 초석을 다진 건국의 아버지로서 지금까지도 덴마크의 모든 국민에게 존경을 받는 지도자이다. 그로 인해 덴마크 국민의 80%가 성경을 배웠다.

영국에는 빅토리아 여왕과 존 웨슬리(John Wesley, 영국의 종교개혁자)를 비롯한 위대한 전도자들의 꿈이 있었다. 그 결과 지금의 영국이 만들어졌다.

미국에도 성경 한 권 붙잡고 국가를 통치했던 아브라함 링컨, 조나단 에드워즈, D.L. 무디와 같은 사람들이 있었다. 하나님 나라를 꿈꾸는 사람들이 있기에 지금, 이 순간에도 위대한 일이 일어나고 있다.

우리가 아는 대부분의 선진국은 꿈이 있는 사람들, 특별히 하나님 나라를 꿈꾸는 사람들에 의해서 만들어졌다. 성경에서 꿈이 없는 백성은

망한다고 말씀하신다. 우리의 꿈은 바로 '킹덤 드림'이다. **우리나라에 통일보다 시급한 꿈은 우리의 주변부터 저 먼 땅끝까지 복음을 전파하여 영혼 구원하는 것이다.**

2) 예수님의 꿈: 영혼 구원

예수님의 꿈은 '영혼 구원'이었다. 그래서 주님은 갈릴리 해변을 지나다니시면서 베드로와 안드레, 요한, 야곱, 바돌로매, 레위, 마태, 빌립, 나다나엘을 부르셨다. 또한 저 사마리아까지 가서 사마리아 여인을 중심으로 사마리아 사람들을 부르셨다. 사해 바다에서는 삭개오를 부르셨으며 예루살렘을 지나가시면서 마리아와 마르다, 나사로를 부르셨다. 예수님은 주변을 두루 다니시며 각색의 병든 자들을 치료하셨고 그들을 제자로 부르셨다.

한번은 주님이 '거라사'라는 동네에서 발길을 멈추셨다. 그곳에는 군대 귀신이 들린 한 영혼이 있었다. 이 사람은 사나운 사람이었다. 칼로 자신의 몸을 베고 돌로 자신을 해치며 쇠사슬을 풀어버릴 정도로 무시무시한 귀신이 들린 영혼이었다. 예수님은 그 영혼을 그냥 지나치지 않으시고 그 안에 있던 귀신들을 돼지 떼 2,000마리 안에 들어가게 하셨다. 요즘 돈으로 돼지 떼 2,000마리를 계산해보면 4~5억에 달한다. 주님은 그 돈보다 한 영혼을 더 소중히 여기셨다.

우리도 예수님처럼 영혼을 사랑해야 한다. 예수님은 부활하신 이후에도 열두 제자를 만나시고 500여 명의 형제를 회복시키셨으며 그들에게 '킹덤 드림'을 심어주셨다. 그리고 성령을 보내셔서 사도행전의 역사를 일으키셨다.

주님은 소망하는 꿈을 이루기 위해 창조적인 열두 제자에게 집중하셨다. 일곱 집사를 부르시고 칠십인 제자를 세우셨으며 백이십 문도도 세우셨다. 예수님은 제자들을 훈련하기 위해 3년이라는 시간을 이 땅에서 보내셨고 복음을 전하라 명령하셨다. 그리고 사도들의 순종과 헌신 덕분에 우리에게까지 복음이 전파된 것이다.

'Simple Gospel, Simply Grace'라는 말이 있다. 단순한 복음을 단순한 방법으로 전하라는 것이다. 하나님의 시선은 언제나 영혼 구원, 전도에 향해 있다. 사도행전에 기록된 인물들을 보면 그들이 얼마나 열정적으로 전도했는지 알 수 있다. 그들처럼 우리가 '오직 예수'를 외치고 다닌다면 미친 사람이라고 손가락질 받을 수도 있다. 성경에서도 그들을 '새 술에 취한 사람들'이라고 표현한다.

이 시대의 한국 교회와 성도는 타락하거나 너무 얌전해서 전부 벙어리가 되었다. 짖지 못하는 개처럼 우리의 본분을 감당치 못하고 있다. 우리는 담대히 복음을 전해야 한다. 복음 전도자가 한 사람만 나타나도 온 동네와 회사, 학교, 마을이 전부 복음의 영향력 안에 들어오게 될 것이다.

3) 우리나라를 향한 예수님의 꿈: 통일 비전

우리나라는 지구상 마지막 분단국가이다. 우리나라의 통일 비전은 복음에 맞춰져야 한다. 복음으로 통일되는 대한민국을 이룩해야 한다. 이 비전은 '킹덤 드림'을 품은 사람들이 준비하고 달려갈 때 하나님이 열어주실 것이다. 북한의 산골 방방곡곡에 복음이 전해지는 날이 곧 올 것이다.

현재 우리나라의 탈북 신학생은 100여 명쯤 된다. 나는 그들과 계속 교제하며 말씀을 나누고 있다. 그들은 우리가 상상할 수도 없는 고난을 받은 사람들이기에 눈물 없이는 그들의 간증을 들을 수 없다. 그들은 마치 하나님이 통일을 위해 먼저 보내신 영적 특공대 같았다. 하나님은 우리에게 44,000명의 탈북민을 보내주셨다. 우리는 그들을 품어야 한다. 그리고 하나님의 말씀을 가르쳐야 한다. 북한 땅에 수만 개의 교회가 동시에 세워질 수 있도록 하나님은 대한민국을 준비시키셨다. 이 비전을 위해서 함께 기도해야 한다. 지금은 이것이 먼 미래, 꿈 같은 이야기지만 반드시 이루어질 것이라 믿는다.

한국 교회가 해야 하는 일: 복음 전파

오늘날 젊은 청년과 아이들이 교회를 떠나가고 있다. 특히 어린 아이들을 가르치는 주일학교가 사라지고 있다. 그래서 지금 CTS와 함께 일으키는 운동 중 하나가 한국 땅에 만 개의 기독교 학교를 세우는 것이다. 교회마다 작은 학교를 세워야 한다. 그렇게 백 명 정원의 학교 만 개가 세워지면 백만 명의 아이들이 교회의 울타리 안으로 들어올 수 있다. 우리 자녀들을 다시 복음으로 가르칠 수 있다. 지금은 학교가 다 죽었다. 학교에서 무신론, 진화론, 유물론, 동성애와 같은 가치를 가르치고 있다. 부모와 담임 목사, 교사가 하나가 돼서 말씀으로 아이들을 지도하지 않으면 더는 다음 세대를 기대할 수 없다. 하나님의 사람들이 깨어나야 한다.

우리 대한민국과 북한의 복음화는 저절로 이루어지는 것이 아니다.

누군가 대가를 치러야 한다. 순교의 피를 흘리지 않고 어떻게 복음의 역사가 시작되겠는가? 교회에서 파송한 사람들이 모슬렘 지역에서 순교를 당했을 때 세상 사람들은 교회를 욕했다. 피 흘린 이들은 온 세상에 하나님의 복음을 전하기 위해 열방에 갔다가 순교한 사람들이다. 복음화된 땅 중에 피 흘림의 역사가 없는 곳은 없다.

1) 본질적 말씀: 복음 전파

교회는 본질로 돌아가 그 말씀에 충성해야 한다. 본질은 세상에 복음을 전하고 사람을 치유하는 것이다. 성경에는 복음을 전하지 않으면 화가 임한다고 말하고 있다. 말씀을 전하지 않으면 나도, 우리도, 교회도 전부 몰락할 수밖에 없다. 하나님은 지금도 하루를 천년 같이, 천년을 하루같이 기다리고 계신다. 영혼, 가정, 민족이 하나님께로 돌아오기를 기다리고 계신다. 하나님은 우리가 단 한 사람도 멸망하지 않고 하늘에 이르기를 원하신다.

복음을 전해야 하는 이유

1) 예수님께서 그렇게 하셨다

왜 복음을 전해야 하는가? 그 이유는 명백하다. 예수님이 그렇게 하셨기 때문이다. 주님은 복음 전파를 위해 사셨고 사도들도 그분을 따라 살았다. 그렇게 순종하며 살았던 사람들 덕분에 온 세상에 복음이 전파되었다.

하나님의 성령이 이 땅에 오신 이유는 하나님의 백성이 예수를 믿고 회개케 하기 위함이다. 성령을 받아야 이전과 다른 삶을 살고 각자에게 주어진 자리에서 하나님의 말씀대로 살 수 있다.

성경 속 많은 사도가 성령 충만해져 하나님의 말씀을 담대히 전했다. 성령은 지금도 우리에게 전도하라고 강권하신다. 믿음은 들음에서 나기 때문이다. 생명의 복음, 하나님 나라의 복음을 듣지 못해 수많은 젊은이가 스스로 목숨을 끊는 시대이다. 예수를 믿기만 하면 누구나 죄 사함을 받고 하나님의 자녀가 되는 권세를 받을 수 있는데도 말이다. 신학교에 가서 학위를 받는 사람만이 전도자가 아니라 우리를 만나주신 예수님, 우리가 깨달은 그 복음을 전하는 모든 사람이 전도자이다. 성령 받은 우리는 복음을 담대히 증거해야 한다.

> 이 복음이 이미 너희에게 이르매 너희가 듣고 참으로 하나님의 은혜를 깨달은 날부터 너희 중에서와 같이 또한 온 천하에서도 열매를 맺어 자라는도다 _골1:6

2) 내가 살 수 있다

영적으로 더 강해지기 원하는가? 한국 교회가 다시 회복하려면 노방으로 나가야 한다. 전도에는 핑계가 없다. 성경은 듣든지 안 듣든지, 기회를 얻든지 못 얻든지 전도에 힘쓰라고 말씀하신다. 전도하다 보면 우리가 얼마나 부족한 사람인지 느끼게 된다. 말씀, 전도, 기도가 얼마나 절실하게 필요한지 알게 된다. 하나님 없이 살 수 없는 인생임을 깨닫게 되는 것이다.

3) 나라와 민족을 살릴 수 있다

복음을 전파했던 나라, 선교사를 가장 많이 파송한 나라는 상대적으로 강대국이었다. 지금도 마찬가지이다. 대한민국이 짧은 시간에 전 세계가 주목하는 위대한 나라가 된 이유가 바로 이것이다. 교회가 200여 개밖에 없던 땅에 60,000개의 교회가 세워지고 32,000명의 선교사를 파송했다. 하나님의 일에 순종했더니 하나님께서는 이 땅에 복을 쏟아부어주셨다. 복음 전도에 집중하라! 이것이 나라를 살리는 길이다.

무디 목사님의 시카고 부흥 집회 때 엄청난 부흥이 일어났다. 이를 본 뉴욕 집회에서도 무디 목사님을 초청하자 그 당시 뉴욕타임스에서 엄청난 조롱을 했다. 무디 목사님이 학교도 제대로 졸업하지 못해 무식하고 맞춤법을 틀리며 사투리를 쓴다는 게 그 이유였다. 그런데 6개월 만에 뉴욕타임스의 입장이 완전히 뒤바뀌었다. 뉴욕 집회에 참석해 복음을 들은 수많은 사람의 삶이 변화됐기 때문이다.

'악덕 자는 유순해지고, 불결한 자는 순결해지고, 청소년은 고매한 정신을 얻게 되고, 노인은 밝은 소망을 갖게 되었다. 경건의 새바람을 민족 속에 불게 했고, 새로운 삶의 원리가 하층민들과 불우 노동자들에게 침투하고, 감옥이 텅텅 비고, 도둑질했던 사람들이 다 돌아오기 시작하고, 술집이 문을 닫았다. 이로 인해 할 일 없는 경찰들에게 시민들은 봉급 주기를 기뻐했다.' 엄청난 사회적 변화이지 않은가?

복음은 사람을 변화시킨다. 복음으로 많은 영혼이 주님께 돌아오고 그들의 삶에 하나님의 통치가 임할 때 우리의 가정과 직장, 사회가 바뀔 것이다. 지금까지의 역사가 이같이 말해준다. 대부분의 선진국은 강력한 복음 운동이 일어난 후 사회적 부흥이 찾아왔다. 그렇기에 복음 전파는 그 어떤 것보다 중요하다.

사랑하는 사람이 있는가? 이들에게 줄 수 있는 최고의 선물이 복음이다. 예수님 외에 최고의 선물은 없다. 한 사람이 예수님을 믿어 죄 사함 받고, 영생을 얻는다는 것에 비할 수 있는 선물은 없다. 지금 당장 소중한 이에게 복음을 전하라!

마지막 때 비전과 복음 전파

이 시대는 모든 면에서 종말의 시대라 불리고 있다. 마지막 때 예수님을 믿는 우리가 할 일은 복음을 더 힘차게 전하는 것이다. 현재 전 세계에 선교사가 40만 명밖에 없다. 100만 선교사 시대를 열지 않으면 인구가 증가하는 속도를 따라갈 수 없을 것이다. 우리가 일어나야 한다. 복음을 기다리는 사람들에게 가야 한다. 지금 이 땅에는 복음을 듣지 못한 자가 너무 많다.

마지막 때 선교의 사명이 아직 한국에 있다. 지금은 젊은 목회자가 주도적, 구체적으로 선교를 준비해야 하는 때이다. 도시마다 기도 운동을 일으켜야 한다. 젊은이들이 일어나지 않으면 소망이 없다. **청년은 우리 민족의 심장이며 약속이다.**

나는 2년 7개월 9일 동안 북한의 감옥에 있었지만 단 하루도 하나님 나라를 향한 꿈을 잃지 않았다. 그랬기에 나를 지켰던 간수들, 조사했던 사람들에게 복음을 전할 수 있었다. 하나님이 그들의 마음을 열어주셨기에 북한의 무시무시한 감옥에서도 복음의 꽃을 피울 수가 있었다. 알고 보면 누구나 다 복음을 기다리고 있다. 우리나라가 통일되면 나는 감옥이 있던 동네에 교회를 세우고 그때 그 형제들을 모두 교회의 청년회장, 안수 집사로 임명하여 더욱더 많은 영혼을 전도할 것이다. 하나님이 그 길을 곧 열어주실 것이라고 믿는다.

잃어버린 영혼을 향한 구령의 열정이 있을 때 하나님은 우리를 사용하신다. 청년과 다음 세대여, 다시 일어나 복음을 전하라! 젊음이 기회이다. 그 기회를 반드시 잡아 회복되어 쓰임 받기를 소망한다.

예배를 회복하고 예수 십자가를 자랑하라

이 비전을 위해서는 먼저 예배를 회복해야 한다. **예배에 목숨을 걸어야 한다.** 젊었을 때부터 하나님을 경배하고 다니엘처럼 뜻을 정하여 경건 시간을 반드시 확보해야 한다. 세상과 분리되어 거룩한 삶을 회복하자.

매일 깨어서 기뻐하라. 날마다 죽는 게 아니라 십자가를 기억하고 매시간 죽어야 한다. 그리고 항상 주의 이름을 기억해야 한다. 예수 그리스도의 십자가 외에 우리가 자랑할 것은 아무것도 없다. 십자가 그 앞에서 교회가 거룩함을 회복하도록 기도하고 능력과 성령 충만을 기도로 간

구해야 한다. 능력 없이 어떻게 복음을 전하겠는가? **복음을 전하는 것은 성령의 능력으로 하는 것이다.** 청년과 다음 세대여, 엎드려 기도하며 성령의 인도를 받아 담대히 복음을 전파하라!

"하나님 아버지, 감사합니다. 오늘 말씀을 들은 형제와 자매들 가운데 성령으로 임하시고, 말씀으로 임하여 주옵소서. 주님이 그들에게 개인적으로 찾아와 주셔서 그 가슴이 다시 불타게 하시고 그 기도 제단의 불이 다시는 꺼지지 않게 해주시옵소서. 우리가 북한까지 복음화하는 그날까지 계속 달려가게 하여 주시옵고, 마지막 남아있는 미전도 종족 한 사람에게까지 복음을 전하겠다는 열정을 가지게 하옵소서. 하나님 나라의 꿈을 갖고 살아가는 저희 모두가 되게 하여 주시옵소서. 서로 사랑하게 하시고, 서로 섬기게 하시고, 연합하게 하시고, 하나가 되게 하여 주시옵소서. 우리 주 예수 그리스도의 거룩하신 이름으로 기도하옵나이다. 아멘."

BRIAN

브라이언 박 CTS '콜링갓' 진행, 순회설교자

브라이언 박 목사는 前 The Church 교회 담임목사를 역임했으며, 현재는 CTS 생방송 프로그램인 '콜링갓'의 진행자로 치유와 회복 사역을 하고 있다. 미국 전역에서 뜨거운 기도의 불길을 일으킨 그는 회개할 때에 하나님과의 막힌 것이 회복되고 만나 주신다는 것을 주장하며 다니엘 기도회, 새롭게 하소서 등 여러 집회와 프로그램에서 간증하며 한국교회의 부흥과 예배의 회복을 위해 달려가고 있다.

PARK

부르심

²⁸ 우리가 알거니와 하나님을 사랑하는 자 곧 그의 뜻대로 부르심을 입은 자들에게는 모든 것이 합력하여 선을 이루느니라

롬 8:28

우리는 모두 하나님의 임재를 사모한다. 본론에 들어가기 전에 그 마음을 듬뿍 담아 기도를 먼저 하려고 한다.

"하나님! 제 마음을 활짝 열겠습니다. 저를 만나주세요. 제가 주님 앞에 항복하고 회개하겠사오니 저의 죄를 책망하시고 용서해주세요. 하나님의 자녀답게 살게 도와주세요. 하나님, 저의 다음을 활짝 열었습니다. 저의 가슴 판에 하나님의 말씀을 새겨주시고 하나님 말씀대로 살게 도와주세요. 하나님, 우리나라와 우리 민족을 살려주세요. 전 세계 78억 인구를 살려주세요. 모두가 하나님 앞에 항복하고 회개하여 예수님만을 위해 살게 도와주세요. 우리를 예수님의 피로 씻어주셔서 하나님의 자녀로 새롭게 시작하게 도와주세요. 아멘."

하나님만 좋으시다!
하나님만 모든 것을 가능케 하신다!
하나님만 신뢰하는 자에게는 하나님이 모든 것을 가능케 하신다!

킹덤 콘퍼런스의 목적

킹덤 콘퍼런스의 목적은 무엇인가? 우리 마음이 향한 곳이 '킹덤(Kingdom, 왕국)'인가, '킹(King, 왕)'인가? 킹덤은 킹이 통치하는 공간이다. '킹' 없이는 '킹덤'도 존재할 수 없다. 그런데 안타깝게도 많은 사람이 킹덤에만 관심을 두는 것 같다. 정작 중요한 킹에게는 초점을 맞추지 않는 것 같다. 나는 킹덤 콘퍼런스의 목적을 확실히 하기 원한다. 킹은 오직 한 분, 예수님이시다. 우리 주님은 왕의 왕으로, 주의 주님으로 이 땅에 다시 오실 것이다. 킹덤 콘퍼런스의 목적은 우리 왕이신 예수님만을 자랑하는 것이다.

눈에 보이지 않는 원수가 대한민국에 들어온 지 벌써 일 년이 넘었다. 그리고 여태 우리를 포로로 붙잡고 있다. 이 원수는 바로 코로나바이러스다. 코로나바이러스 때문에 많은 사람이 직장을 잃었다. 아이들은 학교에 가질 못한다. 또 수많은 교회가 대면 예배를 드리지 못하게 되었고 심지어 문을 닫는 곳도 있다. 이와 같은 현실을 바라볼 때 마음이 아프다. 하지만 조금 다른 관점으로 바라보면 우리는 이 상황에 감사할 수밖에 없을 것이다. 왜냐하면 드디어 하나님이 모든 구속에서 풀려나셨기 때문이다. God has been unleashed!

우리는 이제까지 하나님을 정해진 시간과 공간에 묶어놓았다. "여기서 이 시간에 만나야 합니다!"라며 우리가 원하는 조건에 그분의 한계를 정해놓았다. 감히 어느 누가 주일 11시에 예배당에서만 만나야 한다고 정해놓았는가? 우리가 뭐라고 그분을 묶어놓았는가? 코로나바이러스는 이 모든 족쇄를 끊어내고 그분을 풀어드렸다.

개 목줄을 영어로 'Leash'라고 한다. 그리고 개 목줄이 풀린 상태는 'Unleash'다. 우리는 '킹덤을 세우자!'라고 목이 터지라 외치면서도 '킹'을 목줄로 묶어두었다. 주일 11시가 되면 주님을 만나려고 딱 앉아있었다. 우리는 이렇게나 건방졌다. 그리고 마침내 코로나바이러스라는 놀라운 선물 아닌 선물로 말미암아 왕을 풀어드렸다. King has been unleashed! 할렐루야.

21세기, 새로운 패러다임이 있다. 2005년부터 나는 하나님의 감동에 따라 세상에 존재하지 않는 한 단어를 위해 기도해왔다. 이는 바로 '가상교회(Virtual Church)'이다. 그 당시에는 자신의 아이디어를 온 인류와 공유한다는 것은 그저 공상 과학에 불과했다. 하지만 얼마 지나지 않아 60억 인구의 생각과 관점을 바꿔버린 놀라운 사건이 일어났다. 2005년 2월 14일, '유튜브(Youtube)'가 시작된 것이다. 하나님은 온 인류가 뭉칠 수 있는 가상 교회, 가상공간 플랫폼을 우리에게 허락하셨다.

지난 16년간 우리의 모습을 되돌아보자. 우리는 그 크신 하나님을 정해진 시간과 공간 속에 묶어두었다. 우리가 원하는 시간에 하나님을 찾을 테니 우리가 원하는 대로 역사해달라고 요구했다. '그런 우리의 모습이 보기 싫어 코로나바이러스를 허락하신 것이 아닐까?'라는 생각이 들기도 한다. 그렇기에 나는 새로운 패러다임을 가져온 코로나바이러스가 오히려 고맙게 느껴진다.

여호와께서 사무엘에게 이르시되 그의 용모와 키를 보지 말라 내가 이미 그를 버렸노라 내가 보는 것은 사람과 같지 아니하니 사람은 외모를 보거니와 나 여호와는 중심을 보느니라 하시더라 _삼상 16:7

우리는 상상하지도 못한 코로나바이러스로 오히려 합력하여 선을 이루시는 하나님을 만나게 되었다. 킹덤 콘퍼런스의 목적은 킹덤을 만드는 것이 아니다. 킹을 높여드리고 킹을 더욱 알아가며 킹의 뜻이 이뤄지도록 하나님을 자유롭게 풀어드리는 것이다. 그분이 마음껏 역사하시도록 준비하는 것이다. 킹덤 콘퍼런스의 주인공은 '예수님'이다.

부르심의 정의

우리가 알거니와 하나님을 사랑하는 자 곧 그 뜻대로 부르심을 입은 자들에게는 모든 것이 합력하여 선을 이루느니라 _롬 8:28

합력하여 선을 이루시는 곳에서 '부르심'이 시작된다. '하나님의 뜻대로 부르심을 입은 자'는 자기의 뜻대로 부름을 자청한 자가 아니다. 오직 왕의 뜻대로 부르심을 입은 자를 의미한다.

'부르심'이라는 단어를 영어로는 calling, 헬라어로는 κλησις(클레이시스), 히브리어로는 אִיקְרָא(바이크라)라고 한다. 이 단어를 해석하면 누군가를 부르고 초대하는 것을 의미한다. 즉, 그분의 부르심은 사명과 목적을 이루기 위해 한 사람을 지명하고 초대하여 일을 주는 것이다.

사람마다 각자에게 주어진 다양한 부르심이 있다. 히브리어 성경을 보면 구약이 기록된 39권 안에 '우연(Coincidence)'이라는 단어는 찾을 수가 없다. 그러나 '섭리(Providence)'는 무수히 많이 나온다. **우리가 하나님을 믿게 된 것은 결코 우연이 아니다. 하나님은 실수가 없으신 분이다.** 분명한 뜻과 계획을 갖고 우리를 창조하셨다.

일반 부르심과 특수 부르심

부르심을 이야기하기 전에 하나님의 뜻이 무엇인지 알아보자. 우리를 향한 하나님의 뜻은 일반적인 뜻(general will of God)과 특수한 뜻(specific will of God)으로 나뉜다. 많은 사람이 특수한 뜻을 알고자 한다. 하지만 하나님은 우리가 먼저 일반적인 뜻을 깨닫고 그것을 우리의 삶에 풀기 원하신다.

> 내 아버지의 뜻은 아들을 보고 믿는 자마다 영생을 얻는 이것이니 마지막 날에 내가 이를 다시 살리리라 하시니라 _요 6:40

그렇다면 하나님이 우리에게 원하시는 일반적인 뜻은 무엇일까? 그것은 **오직 예수님만 붙잡고 그분만 절대적으로 신뢰하는 것**이다. 우리는 목숨을 걸고 하나님의 일반적인 뜻을 삶에서 실천해야 한다. 어떤 환경과 상황 속에서도 무너지지 않는 우리의 믿음을 증명할 때 하나님은 그다음 단계를 알려주시고 이뤄주신다.

이와 마찬가지로 부르심에도 일반 부르심과 특수 부르심이 있다. 하나님은 먼저 일반 부르심으로 우리를 부르신다. 그리고 이 부르심을 우리의 삶 속에 풀어내고 완수해 낼 때 특수 부르심을 알려주신다.

먼저 일반적인 부르심은 '**오직 예수**'로 간단하게 말할 수 있다. 일반적인 뜻도 오직 예수, 부르심도 오직 예수이다. 다른 것이 없다. 오직 예수를 위해 목숨을 걸고 오직 예수를 위해 훈련을 받으며 오직 예수를 위해 살 때 하나님이 우리를 부르신 대로 사용하시고 이루신다. 어떤 자들은 사도로, 복음 전하는 자로, 교사로, 찬양으로 하나님의 뜻을 이루신다. 그 과정에서 중요한 것은 하나님의 시험을 통과하는 것이다. 하나님이 보시기에 귀한 일을 맡길 만한 믿음직한 사람이 돼야 한다. 즉, 그분의 신뢰를 얻어야 한다. 신뢰를 얻기도 전에 부르심만 알려달라고 보챈다면 하나님도 얼마나 답답하시겠는가?

> 오직 우리 주 곧 구주 예수 그리스도의 은혜와 그를 아는 지식에서 자라 가라 영광이 이제와 영원한 날까지 그에게 있을지어다 _벧후 3:18

하나님이 우리를 부르셨다. 이 말이 무슨 뜻이겠는가? 하나님이 우리보다 더 급하시다. 우리가 어서 빨리 예수 그리스도의 은혜와 그를 아는 지식으로 자라나길 원하신다. 예수님을 닮아 일을 맡길 만한 장성한 믿음으로 성장하기를 바라신다.

우리는 우리를 향한 부르심이 무엇인지 생각하고 동역자들과 나누기도 한다. 그런데 그것보다 먼저 되어야 할 것이 있다. 오직 예수, 일반 부르심에 충실한 것이다. 일반 부르심도 안 되면서 다음 단계를 알려달라고 하면 하나님과의 소통이 어려울 수밖에 없다.

청년과 다음 세대여! 우리 멋지게 살자. 하나님이 보시기에 믿음직한 사람이 되자. 킹덤의 주인은 킹이시며 킹덤의 목적은 킹의 기쁨이 되는 것이다. 우리를 향한 하나님의 부르심을 따라 으리의 삶을 내어드리는 것이다.

'오직 예수'로 일반 부르심을 충실하게 행하고 나면 드디어 그다음 단계인 특별한 뜻과 부르심을 알려주신다. 그런데 우리는 여기서 치명적인 실수를 범한다. 그렇게 학수고대하고 갈망했던 특수 부르심이 확실해지니까 우리의 힘으로 이뤄 보려 아등바등한다. 일에 치여 하나님을 놓치고 만다. 분명 우리의 중심은 예수님만을 향하고 있었는데, 시간이 지나고 사역을 열심히 하면 할수록 예수님이 보이지 않는다. 사역이 지치기 시작한다. 이것이 흔히 말하는 번아웃(Burn out)이다. 무엇이 문제일까? 킹으로 시작해서 킹덤으로 끝났기 때문이다. 알파와 오메가이신 하나님처럼 킹으로 시작했으면 동일하게 킹으로 끝나야 하는데 그러지 못했다. 일만 하는 킹덤 워커(kingdom worker)가 되어버린 것이다.

Human doing → Human being → Human becoming

주님은 우리가 뭔가를 하는 것보다 '**그분을 알아가는 것**'을 더 기뻐하신다. 킹덤의 목적과 사역의 이유도 예수님을 알아가는 것이다.

사람을 영어로 'Human being'이라고 한다. 그런데 많은 순간 우리는 'Human doing'으로 살아간다. 일에 눌려서 정작 우리가 깨지고 고장이 난다. 기쁨을 느끼기는커녕 너덜너덜한 상태가 되어 'doing'만 하는 종교인이 되어버린다. 하지만 하나님이 우리를 'Human being'으로 만드신 것을 잊지 말아야 한다! 우리의 존재 자체를 기쁘게 받으신다. 그리고 그분의 자녀 된 우리는 여기서 한 단계 더 나아가 'Human becoming'이 돼야 한다. 하나님의 자녀다운 모습으로 성장하고 변화해야 한다. 청년과 다음 세대여! 하나님을 닮아가라. 하나님만 붙잡고 하나님의 자녀답게 살아가기를 축복한다.

오직 예수, 항복, 회개, 회복

우리는 코로나바이러스 덕분에 왕을 풀어드렸다. 우리의 조건에 묶어두는 것이 아니라 세상에 대놓고 자랑할 수 있게 되었다. 코로나바이러스가 변이된다고 할지라도 우리 주님은 합력하여 선을 이루실 것이다. 성경의 마지막 장을 읽어보라. **우리 왕은 이미 승리하셨다. 그리고 왕을 섬기고 따르는 우리도 함께 승리를 거머쥐었다. 딱 10글자 '오직 예수, 항복, 회개, 회복'을 기억하라.** 그동안 우리는 킹보다 킹덤을, 일반 부르심보다 특수 부르심을 더 원했을 수 있다. 킹이 만든 창조물에 벌벌 떨며 근심, 걱정, 염려에 굴복했을 수도 있다. 다시 오직 예수님께 돌아가자. 다 항복하고 회개하며 순수하게 우리의 왕이신 예수님의 품으로 돌아가자!

어떤 관점으로 세상을 바라보느냐에 따라 세상에 치일 수도 있고 세상을 정복할 수도 있다. 하나님은 모든 것을 합력하여 선을 이루신다. 심지어 코로나바이러스를 통해 벌써 선을 이루고 계시며 앞으로도 선을 이루실 것이다. 끝까지 알파와 오메가이시며 우리의 왕이신 예수님께만 집중하자. 정직하게 항복하고 회개하며 우리의 생명을 바쳐 킹에게 나아가자. 오직 예수님만이 왕이시다!

"하나님 아버지, 죄송합니다. 예수님을 믿는다고 고백하면서도 다른 것에 더 집중하고 더 원했고 시선을 빼앗겼던 것을 인정하고 회개합니다. 그런 저의 모습을 용서해주시고 지금부터 다시 새롭게 시작할 수 있도록 도와주세요. 이 순간부터 영원히 오직 예수님만 저의 주님, 구세주로 올려드립니다. 오직 예수님만을 위해 살겠습니다. 성령님, 제 안에 들어오셔서 영원토록 예수님만을 따르고 신뢰하며 예수님만을 위해 살 수 있도록 도와주세요. 성령님, 저의 죄를 책망해주세요. 저의 불안했던 마음과 분산된 시선을 항복하고 회개합니다. 예수님만 절대적으로 신뢰하지 못했던 것을 항복하고 회개합니다. 킹보다 킹덤을 더 원했던 것을, 킹보다 세상을 더 원했던 것을 인정하고 회개합니다. 오직 예수로 돌아오게 도와주세요.

내가 나사렛 예수의 이름으로 명하노니 모든 하나님 자녀들의 머리끝부터 발끝까지 모든 세포 하나하나마다 마음, 감정, 의지, 영, 혼, 육이 예수의 피로 깨끗이 씻김을 받을지어다. 내가 나사렛 예수의 이름으로 명하노니 우리 안에 있는 모든 불신앙, 가짜 믿음, 약한 믿음, 작은 믿음, 죽은 믿음이 법적 권리를 잃고 묶임 받아 무저갱에 던져질지어다. 내가 나사렛 예수의 이름으로 명하노니 우리 안의 종교적인 모습은 있으나 초자연적 능력을 잃어버리고 상실했던 모든 무기력함, 종교적인 의식이 지금 당장 묶임 받고 무저갱에 던져질지어다. 내가 나사렛 예수의 이름으로 명하노니 지금 우리 안에 있는 모든 어두움, 두려움, 초조함, 조급한, 근심, 걱정, 염려가 지금 당장 법적 권리를 잃고 묶임 받아 무저갱에 던져질지어다.

아버지, 그동안 분산됐던 우리의 관점과 초점을 다 없애주세요. 딱 한 분만 바라보게 도와주세요. 시작도 오직 예수요, 중간도 오직 예수요, 마지막도 오직 예수. 시작도 킹이요, 중간도 킹이요, 마지막도 킹으로 끝나는 우리가 되게 도와주세요. 진짜 믿음이 지금보다 백 배 더 성장하게 도와주세요. 예수님의 이름으로 기도합니다. 아멘."

PARK

박한수 제자광성교회 담임

박한수 목사는 열방을 제자 삼고, 다음 세대를 준비하며, 끊임없이 갱신하는 교회를 3대 비전으로 삼아 제자광성교회의 담임목사로 섬기고 있다. 열방이 제자되는 그 날을 꿈꾸며 마지막 때를 알리는 메신저로 사랑받고 있으며, 저서로는 「내가 구원받은 줄 알았습니다」가 있다.

HAN SOO

복음은 영원하다

[16] 내가 복음을 부끄러워하지 아니하노니 이 복음은 모든 믿는 자에게 구원을 주시는 하나님의 능력이 됨이라 먼저는 유대인에게요 그리고 헬라인에게로다 [17] 복음에는 하나님의 의가 나타나서 믿음으로 믿음에 이르게 하나니 기록된 바 오직 의인은 믿음으로 말미암아 살리라 함과 같으니라

롬 1:16~17

그리스도인의 착각

1) 내가 복음을 부끄러워하지 아니하노니

　오늘날 많은 그리스도인이 교회 다니는 것을 떳떳하게 드러내지 못할 만큼 많은 압박을 받고 있다. 그렇다면 사도 바울이 "내가 복음을 부끄러워하지 않는다."라고 선언했던 그때, 즉 이천 년 전 고린도 지역에서 바울이 로마에 있는 성도에게 로마서를 보냈을 때 복음은 세상에서 어떤 취급을 받았을까?

　과거 '그리스도인', '예수쟁이'라는 말은 오늘날처럼 예수 믿는 사람을 지칭하는 고유명사가 아니었다. 이는 본래 예수 믿는 사람을 조롱하던 말이었다. 그 당시 복음은 지금과 비교가 되지 않을 정도로 부끄러운 취급을 받았다. 그러나 바울은 담대하게 복음을 부끄러워하지 않는다고 고백했다. 그는 복음의 능력을 직접 경험한 산증인이었기 때문이다.

　우리는 많은 착각 속에 살아간다. 이를테면 음식점을 개업하는 사람은 자신이 요리를 잘한다고 생각한다. 옷 가게를 여는 사람도 마찬가지다. 자신의 안목을 대단하게 생각하기 때문에 소비자가 원하는 옷이 아닌 자신이 선호하는 옷을 가져다 두고 손님을 기다리기도 한다. 나를 비롯한 많은 설교자도 착각 속에 살아간다. 자신이 설교를 잘한다는 착각 말이다. 그러나 이는 그 설교를 듣는 교인에게 물어봐야 알 수 있는 일이다. 이렇듯 우리는 많은 착각 속에 세상을 살아간다. 본격적으로 복음을 나누기 전에 먼저 우리의 영적 상태를 살펴보자. 우리는 때때로 하나님도 착각하고 있지 않는가?

2) 하나님에게도 한계가 있을 것이라는 착각

예를 들면 우리는 자신의 '한계'를 보며 하나님도 한계가 있을 것이라고 착각한다. 물론 성경 말씀을 듣고 읽었기 때문에 이론적으로는 하나님이 전지전능하신 분이라고 알고 있다. 그런데 세상에서 살아가는 우리 모습은 하나님을 한계가 있는 분처럼 여기며 행동할 때가 많다. '내가 못하는 것이니까 하나님에게도 어렵겠지?'라며 자신에 빗대어 하나님의 능력을 제한한다.

예수님은 나사로가 병에 걸렸다는 소식을 들으셨음에도 나사로에게 발길을 재촉하지 않으셨다. 그리고 나사로가 죽은 지 나흘째가 돼서야 그를 찾아가셨다. 그때 마리아가 주님을 맞이하면서 "주님이 여기 계셨더라면 내 오라버니는 죽지 않았을 것입니다."라고 말한다. 이것도 믿음이다. 하지만 이 마리아의 믿음에는 한계가 있었다. 예수님이 병든 자를 고치실 수 있다는 믿음은 있었지만 죽은 자를 살리실 거라는 믿음은 없던 것이다.

마가복음 9장에 예수께서 변화산에 올라가시고 몇몇 제자가 산 아래에 머무는 동안 귀신들린 아들을 둔 아버지가 아들을 고쳐달라고 찾아온다. 하지만 제자들이 아들을 치유하지 못하자 산에서 내려온 주님에게 하소연한다.

"하실 수 있거든 내 아들을 고쳐주십시오."

이 아버지는 예수님의 능력을 완전히 믿지는 못했다. 주님이 치유하실 수 있다면 좋겠지만 '혹여나'하는 마음이 있었다. 예수님은 이 사람에게 이렇게 말씀하신다.

"'할 수 있거든'이 무슨 말이냐? 믿는 자에게는 능치 못할 일이 없으리라."

이 말씀은 우리가 제대로 믿기만 해도 불가능이 없다는 것인데 그 믿음의 주체인 하나님이 한계가 있을 리 만무하다.

나는 내 딸이 성인이 되기 전까지 스마트폰처럼 생긴 2G 핸드폰을 사용하게 했는데 딸은 이에 불만이 가득했다. 하루는 집에 들어갔더니 집 안 분위기가 냉랭했다. 무슨 일이 있었는지 들어봤더니 핸드폰을 바꾼 친구에게서 그 친구가 전에 쓰던 스마트폰을 얻어왔다고 한다. 그것을 자기 방에서 몰래 와이파이로 사용하다 엄마한테 들켜서 혼난 것이다. 아, 딸이 얼마나 스마트폰을 가지고 싶었으면 친구가 쓰던 공기계를 얻어왔을까! 내가 무능력한 아버지, 목사로 느껴졌다. 적어도 10만 원만 투자했다면 딸을 행복하게 해줄 수 있었을 텐데! 내 딸은 스마트폰이 없어서 친구들 사이에서 왕따 아닌 왕따를 당하기도 했다. 그런데도 나는 대학가기 전까지 딸이 공부에 집중할 수 있도록 스마트폰을 사주지 않겠다고 마음먹었기에 사주고 싶은 마음을 억누르며 돌아섰다. 그리고 우릴 향한 하나님 아버지의 마음을 알게 됐다. 하나님은 결코 무기력한 분이 아니시다. 하나님의 눈짓 한 번으로 이 세상의 모든 권세를 우리에게 주실 수 있다. 그런데 왜 그렇게 하지 않으시는가? 그것은 바로 우리의 '유익함'을 위해서이다.

우리에게 어려우면 주님에게도 어려운 일인가? 우리가 살아가는 이 시대는 복음 전파, 부흥이 힘들고 노방전도로 예수님을 어떻게 믿게 만드냐며 처음부터 못박는다. 우리의 믿음과 행동 사이에 얼마나 큰 모순이 있는가? 정말 전도가 어려우면 전도지를 왜 만드는가? 부흥이 어렵다면 교회 개척을 왜 하며 신학교는 왜 필요한가? 왜 소수의 그리스도인은 어려운 길을 가고 있는 것인가? **우리는 하나님을 제한하는 믿음이 아닌 한계가 없는 믿음을 가져야 한다. 그리스도인은 오직 '믿음'으로 사는 것이다.** 나는 천 명이 모이든 오천 명이 모이든 단 한 사람을 찾으러 다닌다. 영원한 복음에 뒤집힐 한 사람, 나는 그 한 사람을 위해 강단 위에 선다. 하나님의 눈에 띄는 사람도 언제나 '한 사람'이었다.

3) 착각을 버리고 강한 믿음으로 세상을 바라보기

코로나바이러스 같은 상황 때문에 한국 교회가 떳떳하게 복음을 전하기 어렵다는 것을 안다. 하지만 아무리 어렵다 한들 이천 년 전보다 어려울까? 나는 그렇게 보지 않는다. 아무리 이 시대가 악하고 적이 커 보여도 하나님을 믿는 우리가 더 강해지면 된다. 세상이 이전보다 훨씬 더 약해진 것은 사실이다. 그런데 우리는 상대적으로 약해져 있는 것이 아닐까? 기도가 약해지고 선교자의 정신은 점점 흐려지며 '오직 예수님'만 바라보는 참된 신앙이 쇠퇴하고 있기 때문에 세상이 강해 보이는 것뿐이지 결코 우리 주님이 약해지신 것이 아니다.

노방전도로 한 영혼조차 건지기 힘들다고 하지만 그렇지 않다. '복음의전함(광고를 통하여 하나님의 사랑을 전하는 비영리 광고선교단체)'을 운영하는 고정민 장로님을 만난 적이 있다. 그분은 이천 개의 버스와 택시에 복음 광고를 싣는 비전을 갖고 계셨고 현재 그 비전을 이루며 사신다. 광고 비용만 20억 가까이 들지만, 많은 분이 후원하고 계시며 하나님도 도와주실 것이라 강하게 믿는다고 말씀하셨다. 광고 선교라니, 엄청난 발상의 전환이 아닌가? 코로나로 교회가 언론의 집중을 받으며 비이성적인 집단으로 취급받고 있는 이 시대에 혹여나 역효과가 있을까 우려하는 시각도 있다. 하지만 고 장로님은 그 광고를 통해 잃어버린 영혼이 돌아올 것이라는 굳건한 믿음이 있다. 우리가 위기라고 느끼는 것이 진짜 위기인지, 아니면 위기로 착각하고 있는 것인지 따져봐야 한다. 설령 진짜 위기라고 느껴지더라도 전지전능하신 하나님에게는 위기가 아니다. 성경에서도 하나님이 큰일 났다고 말씀하신 적은 없다.

유대인들은 사마리아를 더러운 땅이라 생각하고 들어가기를 꺼렸다. 하지만 주님은 제자들의 투덜거림에도 변명이나 사과를 하지 않으시고 사마리아로 들어간다. 그곳에서 상처투성이인 '사마리아 여인'을 만나 말을 거신다. 그 여인은 유대인이 왜 사마리아인인 나에게 말을 거냐고 빈정거리며 되받아쳤다. 그래도 주님은 물러서지 않고 계획한 일을 행하셨다. 주님은 언제나 옳으시며 계획하시는 분이다. 그것을 믿지 못해 우리의 한계를 보며 주님도 한계가 있다고 착각하는 것이다.

이 땅의 많은 목사가 말씀을 잘 전하고 싶어 한다. 그래서 성도들에게 메시지가 잘 전달됐는지 연구하며 많은 시간을 보냈다. 나도 설교로 성도들에게 밥을 줘야 하는데 죽을 주는 때가 있다. 설교하면서 유독 목소리가 커지는 날은 죽을 주고 있는 날이다. 설교가 잘 풀려서 성도들이 잘 받아들이면 그렇게 악을 쓸 필요도 없다. 하지만 성령님이 떠나니 인간의 힘으로 억지로 하려고 악을 쓰게 된다. 그럴 때마다 느끼는 것은 우리가 뭘 가졌다고 해서 하나님이 쓰시고, 우리가 부족하다고 해서 하나님이 쓰시지 않는 것이 아니다. 우리가 실패라고 여기는 상황에서도 하나님은 계획한 일을 행하신다. 하나님을 제한하지 말자. 한계를 정해두지 말자. 우리 하나님은 전지전능하시다.

―

준비되지 않아도 괜찮다

우리가 많이 받는 유혹 중 하나는 우리가 많이 준비돼야 한다는 것이다. 나도 그런 설교를 많이 했고 많이 들었다. 큰 그릇이 돼야 큰일을 하고 큰 나무가 더 많은 사람에게 그늘이 되기에 하나님 앞에서 우리가 큰 그릇이 되어야 한다고 한다. 어떤 의미에서 맞기도 하지만 틀리기도 한 말이다.

다윗이 골리앗과 싸울 때 그에게 익숙했던 물맷돌과 돌을 이용해 골리앗을 무찔렀다. 다윗은 자신이 지키던 양 떼를 위해서 수만 번 물맷돌을 돌렸을 것이다. 그런 다윗이기에 하나님이 사용하셨다는 의견이 있다. 하지만 나는 이 말이 절반만 맞는 말이라고 생각한다. 수십 년 동안 수만 번 물맷돌을 돌려 전문가가 됐더라도 그 상황에서 하나님이 역사하지 않았으면 어찌 그 물맷돌이 골리앗을 맞힐 수 있었겠으며, 맞혔다 한들 3m에 가까운 거구가 무너졌겠는가? 우리가 준비돼야 하나님이 쓴다는 말도 꼭 맞는 말은 아니다. 그렇게 따지면 나도 이 자리에 설 수 없다. 이 말은 그냥 하는 소리가 아니다. 이 땅에 나보다 더 훌륭하고 의로우며 준비된 목회자가 얼마나 많은가.

1) 하나님이 사용한 사람들

모세는 80세에 하나님께 쓰임 받았다. 나이에 따른 연륜을 무시할 수는 없지만 조금 더 젊은 40대 때 리더의 자리를 감당할 만한 힘이 더 있지 않았을까? 인간의 생각으로는 그때가 하나님의 나라를 확장을 위한 적기였다. 하나님은 나이 80세에 처가살이 40년과 양치기 생활로 40년 동안 애굽의 궁궐에서 배우고 익힌 지식을 모두 잃어버렸을 때 모세를 사용하셨다.

바울도 마찬가지였다. 바울은 오히려 우리 젊은이들이 그렇게 원하는 스펙을 모두 갖춘 자였다. 로마 시민권과 바리새파라는 영적 하드웨어를 가진 자였다. 그러나 그것들은 복음의 도구로 쓰인 것이 아니라 오히려 복음을 전하는 데 방해 요소가 되었다. 우리는 예수님을 믿고 예배하며 기도하지만, 한편으로는 또 다른 무기를 장착하기 위해 어학 능력과 스펙을 쌓고 있다. 그래야만 하나님이 우리를 더 크게 사용하실 것 같은 함정과 유혹에 빠졌기 때문이다. 이 요소들은 본질적인 것이 아니다. 우리가 준비돼야 하나님이 쓰신다는 착각을 버려야 한다. 그저 우리는 하나님이 택하면 사용 받는 것이다.

> 형제들아 너희를 부르심을 보라 육체를 따라 지혜로운 자가 많지 아니하며 능한 자가 많지 아니하며 문벌 좋은 자가 많지 아니하도다 그러나 하나님께서 세상의 미련한 것들을 택하사 지혜 있는 자들을 부끄럽게 하려 하시고 세상의 약한 것들을 택하사 강한 것들을 부끄럽게 하려 하시며 하나님께서 세상의 천한 것들과 멸시 받는 것들과 없는 것들을 택하사 있는 것들을 폐하려 하시나니 이는 아무 육체도 하나님 앞에서 자랑하지 못하게 하려 하심이라 _고전 1:26~29

주님은 약한 자를 들어 강한 자를 부끄럽게 하신다. 말을 더듬었던 바울은 사람들의 조롱을 받았다. 말을 잘 못 하는 것은 복음을 전하는 데 아주 치명적인 문제였지만, 바울이 복음을 전할 때 오히려 많은 사람이 주님께 돌아왔다. 바울은 우리 중에 지혜롭거나 문벌이 좋은 자가 없으며 강한 자도 없다고 말했다. 동시에 그는 천하고 연약하며 미련한 우리를 사용해서 높은 자와 강한 자를 부끄럽게 하시는 분이 하나님이심을 담대히 전했다.

2) 마른 막대기를 들어 쓰시는 하나님

나는 영적으로도 육적으로도 잘난 것이 없는 집안에서 태어났다. 세상에서 별 볼 일 없으면 예수님이라도 잘 믿어야 하는데 가족은 물론이고 사촌 중에도 예수 믿는 사람은 단 한 사람도 없었다. 지금은 예수님을 믿는 사람이 몇몇 생겼지만, 처음에는 나 혼자 예수님을 믿었다.

나는 중학교 때까지 수업 시간에 일어나서 책을 읽으라고 하면 울렁증이 심해 책을 읽지 못하던 학생이었다. 내 내면은 열등감과 피해 의식으로 똘똘 뭉쳐 있었고 나는 그게 의로운 줄 알았다. 그런 내가 예수님을 만나고 이제는 하나님의 말씀을 전하는 목사가 되었다. 완전한 영적 변화이다.

'Ecclesia(에클레시아)'라는 단어는 각각 부름을 받아서 모인 집단이라는 뜻이다. 내가 예수님을 믿겠다고 자진한 것이 아니라 하나님이 세상에서 우리를 콕 집어 교회에 보내셨다. 나는 원래 교회를 이유 없이 싫어했다. 그런데 하나님이 열여섯 살이 되던 해에 나를 교회로 부르시고 6개월 만에 성령 세례를 주셨다. 이후 17세에 목사 되겠다고 비전을 받아 여기까지 달려왔다. 그 길이 어떤 길인지도 모르면서 그저 목사가 되고 싶어서 미친 사람이었다. 내가 그 역할을 잘할 것인지 아닌지는 뒤로한 채 목사가 되면 세상에 다른 소원이 없겠다고 생각했다. 교회를 보면 가슴이 벅찼고 신학을 하는 내내 마음이 교회에 가 있던 사람이었다.

처음 전도사로 부임해 수요예배를 드리러 갔더니 교인들이 수요일인데 교회에 왜 왔는지 물었다. 나는 전도사이기 때문에 당연히 예배를 위해 나왔다고 했다. 하지만 전에 계시던 전도사님 중 수요일에 교회에 나온 사람이 단 한 명도 없었다고 했다. 이 일화는 나의 의로움과 열심을 드러내려는 말이 아니다. 하나님은 내게 '영적인 욕심'을 주셨다. 이것이 하나님의 은혜이다. 하나님은 마른 막대기를 들어 쓰신다. 준비되지 않은 나를 콕 집어 사용하신 것처럼 우리가 준비됐다고 해서 하나님이 선택하시는 것이 아니라 하나님의 마음에 합하면 사용하시는 것이다. 그렇기에 세상에서 위축될 필요도, 교만할 필요도 없다.

나는 세상에서 집착할 것도 없었기에 잃을 것도 없었다. 겁 없이 그냥 도전하는 것이다. 인간적으로 의지할 줄이 있었더라면 때를 기다렸다가 목사를 구하는 곳으로 갔을 것이다. 하지만 하나님은 어느 날 갑자기 교회를 개척하게 하셨다. 2년 전 한 새벽기도 때 주님이 말씀하셨다.

'종아, 가난도 재산이다.'

나는 그 말씀에 화가 났다. 가난이 재산이란 말이 어디 있는가. 그러나 우리 주님은 항상 옳다. 주님이 마음에 소원을 주실 때는 이유가 있다. 나는 그 말씀을 붙들고 기도했고 가난하기 때문에 주님을 더욱더 붙잡을 수밖에 없다는 것을 깨달았다.

아브라함이 말씀을 따라 고향을 떠날 수 있었던 이유는 떠나기 쉬웠기 때문이다. 성경에 자세히 나와 있지 않지만, 아브라함이 거기서 번성하고 생육했더라면 절대 떠날 수 없었을 것이다. 이것이 재산이다. 하나님의 놀라운 역발상이지 않은가.

우리 하나님의 역사를 바라보자. 피해 의식에 사로잡혀 하나님을 제한하지 말자. 하나님을 구하고 하나님만 바라며 하나님 앞에 무릎 꿇고 그 길을 따라간다면 우리의 인생은 결코 실패한 인생이 아니다.

말씀에서 한 달란트를 받은 사람이 그 한 달란트를 남기지 못해 책망을 받았다. 다섯 달란트를 가진 사람이 다섯 달란트를 남기는 것보다 한 달란트를 가진 사람이 한 달란트를 남기는 것이 더 쉬울 것이다. 하나님의 나라는 '양'이 아니고 '비율'이다. 가난한 한 여인이 두 렙돈 전부를 드렸고 부자는 많은 액수를 하나님께 드렸다. 액수로 따지면 부자가 드린 것이 수십 배의 가치가 있다. 하지만 하나님은 부자가 드린 많은 양을 보신 것이 아니라 여인이 드린 전부를 보셨다. 하나님의 비밀은 우리가 가진 것의 많고 적고가 아니다. 하나님 앞에 어떤 마음을 가지고 주님을 사랑하며 예배 자리로 나아가느냐는 것이 우리 인생의 승부처가 될 수 있다.

3) 기적으로 함께하시는 하나님

바울은 걸어 다니는 복음 증거자였다. 자신에게는 기도해도 고쳐지지 않는 질병이 있지만, 귀신 들린 사람을 고치는 능력을 보였다. 그렇기에 그 능력은 바울의 것이 아니다. 주님은 바울에게 이렇게 말씀하셨다.
'네 은혜가 네게 족하다. 네가 약할 때 내가 더 강하다.'
우리가 약해도 주님이 강하게 나타내시며, 우리가 준비되지 않아도 하나님은 놀라운 일을 이루신다. 내가 약해질 때 세상은 등을 돌리지만 우리 주님은 그렇지 않다. 내가 연약할수록 귀히 여기시고 더 많은 에너지를 쏟아 부어주시며 강하게 감싸주신다.

포항에서 목회하시던 선배 목사님이 계시는데 이분은 '기적'의 산증인이다. 어려운 가정형편에 예수님을 믿고 불 받아서 신학을 전공했지만, 결정적으로 말을 더듬었다. 신학을 한다고 했을 때 동네 사람들이 '대한민국 모든 사람이 목사를 해도 너는 못 한다.'라고 전부 말리며 비웃었다. 그 반대를 무릅쓰고 목사님이 되신 것이다. 이 목사님과 한 교회에서 함께 사역한 적이 있었는데 교사 회의, 기도회를 할 때 말을 심하게 더듬다가도 설교하러 강단에 올라가면 더듬지 않으셨다. 밤마다 산에 올라 기도하셨고 하나님의 능력이 임했다. 이분은 일전에 어린이 부흥 전도사로 사역하시며 방학 시즌마다 여기저기 돌아다니며 설교를 했다. 어른들도 하기 힘든 통성기도를 불을 끄고 한 시간씩 시키는데 아이들이 뒤집히고 방언을 받으며 회개를 하기 시작했다. 십자가를 만나고 환상이 열려 부모를 전도하는 것도 보았다. 이 목사님에게 하나님이 강하게 역사한 것이다.

주님은 능치 못할 일이 없고 우리의 생각에 제한받지 않으신다. 그분의 복음 또한 마찬가지로 이 시대에 절대로 제한받지 않는다. 우리는 없어지고 사라지지만 복음은 영원하다. **변하는 건 복음이 아니요, 진리가 아니다.**

우리나라에 교회가 생기기 전, 신학교가 개설되기도 전에 이미 예수 그리스도의 복음이 전해졌고 믿는 자들이 나타났다. 선교사를 처형했던 박춘권(조선 후기 제너럴셔먼호 사건 당시의 무신)은 체포된 토마스(R.J. Thomas) 선교사를 처형할 때 건네받은 성경책을 차마 거절하지 못하고 집에 가져왔다. 박춘권에게 처형당한 다른 선교사님들은 반항하기도 했는데 토마스 선교사는 자신을 쳐다보며 "예수 믿으시오. 그리고 이 책을 읽으시오."라는 말과 함께 평안하게 죽었다고 한다. 그렇게 가져온 성경을 읽고 복음을 받아드린 박춘권은 영수 장로가 되었다. 주님은 이런 일을 하신다. 예수 믿는 자를 보거나 교회를 보고 따라서 믿은 것이 아니다. 죽은 순교자를 보고 예수를 믿게 하신 것이다.

우리가 무엇 때문에 변했고 무엇을 들었기에 이 세상에서 목표를 가지고 살아가는 것인가. 그것은 '유일한 복음'이다. 아무리 크고 강력한 군함이라도 목적지가 없다면 물고기를 낚으러 가는 나룻배보다 힘이 없다. 부유하고 배운 것이 많아도 삶의 비전이 없으면 가난한 것이며, 배우지 못하고 열심히 살지 못했더라도 예수 그리스도의 복음을 만나 꿈과 비전이 생겼다면 부자이다. 하나님이 나를 위하시는데 누가 나를 대적하겠는가. 하나님이 나를 사랑하시는데 누가 나를 버리겠는가. 우리가 비록 부모, 친구, 세상에 버림받았더라도 상관없다. 요셉은 부모와 형제들에게 버림받았다. 하지만 요셉은 하나님 안에서 성숙한 믿음의 사람이 되었고 모든 아픔으로부터 회복되었다. 그가 애굽의 총리가 된 후 형을 만났을 때 이렇게 이야기했다.

> 당신들이 나를 이 곳에 팔았다고 해서 근심하지 마소서 한탄하지 마소서 하나님이 생명을 구원하시려고 나를 당신들보다 먼저 보내셨나이다 _창 45:5

이때는 형제들의 생명이 요셉에게 달릴 정도로 명분과 힘을 가진 후였다. 하지만 요셉은 자신의 감정으로 상황을 해석하지 않고 하나님의 뜻으로 해석한 것이다.

> 하늘이 하나님의 영광을 선포하고 궁창이 그의 손으로 하신 일을 나타내는도다 날은 날에게 말하고 밤은 밤에게 지식을 전하니 언어도 없고 말씀도 없으며 들리는 소리도 없으나 그의 소리가 온 땅에 통하고 그의 말씀이 세상 끝까지 이르도다 하나님이 해를 위하여 하늘에 장막을 베푸셨도다 _시 19:1~4

주님을 증거하는 삶

하나님을 찬양하기 위해 지음 받은 인간이 주님을 증거해야 하는데 이 어리석고 얄팍한 인간이 하나님을 전하지 않는다. 그렇다고 해서 하나님은 손 놓고 계시는 분이 아니다. 인간이 가만히 있으면 하늘이 직접 하나님의 영광을 선포한다. 이 소식을 전하는 자연은 기가 막히게 자신의 모습으로 하나님의 창조 섭리를 나타내고 있다.

이슬람교를 믿던 자매의 간증을 이야기하려고 한다. 이 자매는 방송을 듣고 예수님을 믿기 시작했다. 이슬람 국가에서 예수님을 믿는다는 것은 거대한 이슬람 종교체계와 가족의 반대를 이겨내야 하며 죽음을 각오해야 한다. 그런 사회 분위기 속에서 복음을 들은 자매는 주님을 만났음에도 믿음이 흔들리곤 했다. 그러던 어느 날 음식을 만들다가 손을 베어 바닥에 피가 떨어졌다. 그 핏자국을 닦으려고 본 순간 그 자매는 뒤집어졌다. 핏자국이 예수님 얼굴을 형상하고 있었기 때문이다. '내가 흔들리니까 하나님이 일으켜주시는구나.'라고 깨닫고 결단하며 기도했다. 자매는 그로부터 한 달 만에 미국으로 망명했고 하나님이 직접 선택하신 이슬람교도를 찾아다니며 복음을 전하고 있다.

조나단 에드워즈는 10대 때 거미가 거미줄을 치는 것을 보고 하나님의 섭리를 느낀 사람이다. 거미가 저렇게 거미줄을 칠 수 없다. 이것은 하나님이 하시는 일이다. 영적인 눈이 열린 자는 그것을 보며 귀가 열린 자는 듣는다. 하나님을 제한하지 말자. 우리가 못해도 하나님은 모든 것을 통해 일하신다. **주님이 '네 손에 든 것이 무엇이냐'라고 물으실 때 '내 손에 든 것은 복음과 예수 그리스도입니다.'라고 말할 수 있는 청년들이 일어나길 소망한다.**

부르심을 받은 자들이여, 복음의 정점에서 만나자

1) 복음의 전파를 위해 부르심을 받은 자들

우리는 누구인가? 우리는 복음의 전파를 위해 부르심을 받은 사람이다. 신학을 하거나 선교사가 되지 않아도 된다. 그러나 우리는 어디에서 무엇을 하든지 복음의 전파를 위해 부르심을 받은 존재라는 것을 잊지 말아야 한다.

베드로는 고기 잡는 인생을 살고 있었지만, 예수님을 만난 후 자신의 부르심이 사람 낚는 어부임을 깨달았다. 우리도 마찬가지다. 좋은 기업에 들어가서 가정을 꾸리고 그저 즐기는 인생을 살다가 생을 마감하라고 부름을 받은 존재가 아니다. 우리는 복음을 위해 부름 받은 존재다.

> 예수 그리스도의 종 바울은 사도로 부르심을 받아 하나님의 복음을 위하여 택정함을 입었으니 _롬 1:1

바울은 자신을 정확하게 알았기에 다른 사람의 말에 휩쓸리거나 넘어지지 않았다. 어떤 상황이 오든지 오직 예수 그리스도만 있으면 내게 능력 주신 자 안에서 모든 것을 할 수 있음을 믿었다. 우리 자신을 아는 것은 중요하다. 청년들에게 단순히 비전을 가지라는 그런 시시한 이야기를 하고 싶지 않다. 함께 예배하는 이 땅의 모든 젊은이가 무엇을 위해 살고 존재하는지 묵상하고 깨닫길 소망한다.

2) 복음은 모든 믿는 자에게 주시는 하나님의 능력

우리를 변화시킨 복음, 우리가 언제든지 전해야 하는 복음은 어느 정도의 위력이 있는가? 복음은 모든 믿는 자에게 허락된 하나님의 능력이다. 돈은 어떤 사람을 살리기도 하고 죽이기도 한다. 예컨대 아프면 병원에 돈을 지불하고 치료를 받을 수 있다. 이와 반대로 로또에 당첨돼서 망한 사람도 있다. 애타는 사랑도 사람을 살릴 수 없다. 잘못된 사랑으로 스토킹을 당하면 그 사랑은 사람을 죽이는 사랑이다. 이 땅의 어떤 것도 사람을 살릴 수 없다. 오직 복음만이 생명을 살리는 힘이 있다. 우리는 이 복음을 전하기만 하면 된다. 그다음은 주님이 하신다.

복음은 우리의 인생을 뒤집고 변화시킬 것이다. 우린 이 복음을 위해 부름을 받았다는 확신이 있어야 한다. 우리는 약하고 한계가 있지만, 그리스도의 복음은 강하고 한계가 없다. 그리스도의 피 묻은 복음을 만나고 나면 인생이 고달프고 가난해지며 힘들어질 수도 있다. 하지만 이것은 중요한 것이 아니다. 복음을 통해 예수 그리스도가 찾아온다는 것이 중요한 것이다.

한번은 앉을 자리도 마땅치 않은 방에 심방을 간 적이 있다. 가면 "제가 사는 것이 이래요."라는 말을 꼭 하신다. 어떤 뜻으로 하시는 말인지 알지만, 복음의 능력을 아는 나는 이렇게 대꾸할 수밖에 없다.

"사는 것이 어때서요. 우리가 믿는 예수 그리스도가 그것밖에 안 됩니까? 부끄럽습니까? 지옥에서 심판 받을 인생이었던 우리는 그리스도를 믿고 영원한 생명을 얻어 하나님의 자녀가 됐습니다. 그런데 이까짓 것이 뭐 어때서 그러십니까?"

하나님이 넓혀주시면 넓히시는 것이고 좁히시면 좁히시는 것이다.

사랑하는 젊은이들이여, 나는 야망과 꿈을 꾸라고 이야기하고 싶지 않다. 복음으로 예수님을 만나라. 이것부터 시작이다.

RA

라준석 사람살리는교회 담임, 前온누리교회 총괄수석

라준석 목사는 한국을 대표하는 청년사역자로 온누리교회의 청년부흥을 이끌었다. 前온누리교회 총괄수석목사로 섬겼으며, 전주대 객원교수, 숭실대 겸임교수로도 재직하였다. 현재 사람을 살리는교회를 개척하고, 말씀 사역과 성령 사역에 균형을 맞춰 목회 중이다. 저서로 「행복한 누림」, 「좋으신 성령님」, 「친밀함」 등이 있다.

UNSEOK

새사람

¹⁷ 그러므로 내가 이것을 말하며 주 안에서 증언하노니 이제부터 너희는 이방인이 그 마음의 허망한 것으로 행함 같이 행하지 말라 ¹⁸ 그들의 총명이 어두워지고 그들 가운데 있는 무지함과 그들의 마음이 굳어짐으로 말미암아 하나님의 생명에서 떠나 있도다 ¹⁹ 그들이 감각 없는 자가 되어 자신을 방탕에 방임하여 모든 더러운 것을 욕심으로 행하되 ²⁰ 오직 너희는 그리스도를 그같이 배우지 아니하였느니라 ²¹ 진리가 예수 안에 있는 것 같이 너희가 참으로 그에게서 듣고 또한 그 안에서 가르침을 받았을진대 ²² 너희는 유혹의 욕심을 따라 썩어져 가는 구습을 따르는 옛사람을 벗어 버리고 ²³ 오직 너희의 심령이 새롭게 되어 ²⁴ 하나님을 따라 의와 진리의 거룩함으로 지으심을 받은 새 사람을 입으라 ²⁵ 그런즉 거짓을 버리고 각각 그 이웃과 더불어 참된 것을 말하라 이는 우리가 서로 지체가 됨이라 ²⁶ 분을 내어도 죄를 짓지 말며 해가 지도록 분을 품지 말고 ²⁷ 마귀에게 틈을 주지 말라 ²⁸ 도둑질 하는 자는 다시 도둑질하지 말고 돌이켜 가난한 자에게 구제할 수 있도록 자기 손으로 수고하여 선한 일을 하라 ²⁹ 무릇 더러운 말은 너희 입 밖에도 내지 말고 오직 덕을 세우는 데 소용되는 대로 선한 말을 하여 듣는 자들에게 은혜를 끼치게 하라 ³⁰ 하나님의 성령을 근심하게 하지 말라 그 안에서 너희가 구원의 날까지 인치심을 받았느니라 ³¹ 너희는 모든 악독과 노함과 분냄과 떠드는 것과 비방하는 것을 모든 악의와 함께 버리고 ³² 서로 친절하게 하며 불쌍히 여기며 서로 용서하기를 하나님이 그리스도 안에서 너희를 용서하심과 같이 하라

엡 4:17-32

이방인의 삶

　에베소서 4장 17절을 보면 '이제부터 너희는 이방인이 그 마음의 허망한 것으로 행함 같이 행하지 말라'라는 아주 중요한 말씀이 있다. 여기에서 '이방인'은 예수님을 믿지 않는 사람을, '너희'는 예수님을 믿는 사람을 가리킨다. 결론적으로 예수 믿는 사람은 믿지 않는 사람들이 사는 것처럼 살지 말라는 말씀이다. '그 마음의 허망한 것'에서 '허망'은 공허함, 어리석음, 무의미함을 뜻한다. 겉으로 보기에 이방인이 대단한 것을 좇는 것처럼 보일 수 있다. 그러나 이방인은 어리석은 생각으로 가득 차 있다. 그들의 결과는 그저 '꽝'일 뿐 아무것도 남는 것이 없다. 속이 빈 껍데기이다. 무엇이 중요한지도 모른다. 일이 먼저인지, 가족이 먼저인지 모른다.
　그렇다면 구체적으로 이방인의 삶은 어떠한가? 18~19절에 아주 정확하게 기록되어 있다.

'총명이 어두워지고'
'무지함'
'마음이 굳어짐으로'
'하나님의 생명에서 떠나 있도다.'
'감각 없는 자'
'자신을 방탕에 방임하여'
'더러운 것을 욕심으로 행하되'

이들은 세상과 자기 자신에 대해 많이 아는 것같이 얘기하지만, 가장 중요한 진짜를 모르고 살아간다. 마음이 굳어져 하나님의 생명에서 떠나 있고, 누군가를 죽이려는 분노로 가득 차 있다. 감각 없는 자가 되었다. **하나님의 존재**를 느끼고 **하나님의 말씀**을 들으며 **하나님의 뜻**을 받아들이는 영적 민감성이 깨어져 버렸다. 그렇기에 이들은 길을 잃어 어디로 가야 할지를 모르며 방탕하게 살아간다. 더러운 욕심으로 가득 차서 자기밖에 모르는 욕망덩어리가 되었다. 이방인은 이렇게 살아간다.

당신은 이미 새사람이다

그렇다면 그리스도인은 어떻게 살아가는가? 20절 말씀에 아주 분명하게 기록돼 있다.

오직 너희는 그리스도를 그같이 배우지 아니하였느니라 _엡 4:20

즉, 그리스도인은 사는 게 다르다는 말씀이다. 하나님은 우리가 그렇게 배우지 않았다고 말씀하신다.

> 진리가 예수 안에 있는 것 같이, 너희가 참으로 그에게서 듣고 또한 그 안에서 가르침을 받았을진대, 너희는 유혹의 욕심을 따라 썩어져 가는 구습을 따르는 옛 사람을 벗어 버리고, 오직 너희의 심령이 새롭게 되어, 하나님을 따라 의와 진리의 거룩함으로 지으심을 받은 새 사람을 입으라 _엡 4:21~24

아주 중요하고 분명한 명령이 맨 마지막에 있는 '새사람을 입으라'는 구절이다. 새사람(The New Being)으로 살라고 말씀하신다.

먼저 기억해야 할 사실이 있다. 그리스도인은 이미 새사람이 되었다는 것이다.

당신은 예수 그리스도를 믿었다. 그래서 새로운 존재가 되었다. 이미 당신 안에 계신 예수님으로 말미암아 예수의 사람이 되었다. 그리스도인의 삶은 새로운 사람이 되기 위하여 애쓰며 살아가는 것이 아니다. 우리는 부족하다. 자격이 없다. 그러나 하나님의 자녀라는 새로운 정체성을 가지게 되었다. 당신은 이미 새사람이다.

그렇다면 '새사람을 입으라'는 말씀은 어떤 의미인가? 새로운 정체성은 새로운 삶을 요구한다. 군인이 되었으면 군복을 입어야 하고 의사가 되었으면 의사 가운을 입는다. 우리는 존재에 걸맞은 옷을 입어야 한다. 하나님 안에서 새사람이 되었으니 새사람으로 살아라. 새사람답게 살아가는 모습을 성경에선 이렇게 말씀하신다. '옛사람을 벗어 버리고 … 새사람을 입으라.' 성경에서 옷은 살아가는 삶의 스타일을 의미한다. 옷을 갈아입는다는 것은 삶의 방식을 바꾼다는 의미이다. 이전의 삶의 양식들과 옛 습관들을 벗어 버리는 것이다. 이처럼 살아가는 모습이 바뀌어야 한다. 입고 있던 옷을 벗고 새로운 옷으로 갈아입어야 할 때이다.

새사람이 사는 방식

우리가 먼저 벗어 버려야 할 옛사람의 모습은 무엇인가? 22~24절에 아주 명확하게 나타나 있다. 바로 '욕심'이다. '내 생각', '내 자리', '내 체면', '내 욕망', '내 안전' 이런 것들이다. 만족과 감사를 모르고 불평, 불만을 하며 살아가는 모습이다. 19절에 보면 욕심은 하나님을 모르는 영적인 이방인을 사로잡고 있는 것으로 기록되어 있다. 욕심은 우리를 유혹하여 잘못된 길로 가게 하고, 우리를 썩게 만들며 삶을 망가트린다. 이것을 벗어 버려야 살 수 있다.

우리가 입어야 할 핵심은 바로 '진리'이다. 진리는 예수 그리스도이시다. 예수님의 생각, 예수님의 삶, 예수님의 말씀, 예수님의 꿈과 같은 것들을 좇아야 한다. 진리와 함께 나타나는 두 가지 단어가 있는데, 이는 바로 '의'와 '거룩함'이다. 의는 바름을 의미하고 거룩함이란 구별됨을 의미한다. 진리를 따라갈 때 바르게 될 것이며, 거룩하게 될 것이다.

이어지는 25~32절에는 우리가 벗어 버려야 하는 옛사람의 삶의 양식과 새로 입어야 하는 새사람의 사는 방식이 대조적으로 나타나 있다.

1) 거짓의 옷을 벗고 진실의 옷을 입으라

> 그런즉 거짓을 버리고, 각각 그 이웃과 더불어 참된 것을 말하라. 이는 우리가 서로 지체가 됨이라 _엡 4:25

내 삶에 나도 모르게 들어와 있는 거짓을 버리고 진실을 선택할 수 있기를 바란다. 거짓은 사탄이 좋아하는 것이다. 진실은 성령님이 좋아하신다. 진실을 선택하는 것이 삶의 지름길이라는 것을 깨달아야 한다. 이 세상에서 진실을 선택하면 망할 것 같지만, 그것은 사탄의 속임수일 뿐이다. 세상은 살아계신 하나님께서 다스리신다 그러니 하나님이 기뻐하시는 진실의 길을 가는 것이 행복의 길이고, 승리의 길이다. 청년이여, 진실의 옷을 입으라.

2) 분노의 옷을 벗고 용서의 옷을 입으라

> 분을 내어도 죄를 짓지 말며, 해가 지도록 분을 품지 말고 … 너희는 모든 악독과 노함과 분냄과 떠드는 것과 비방하는 것을 모든 악의와 함께 버리고 서로 친절하게 하며, 불쌍히 여기며, 서로 용서하기를 하나님이 그리스도 안에서 너희를 용서하심과 같이 하라 _엡 4:26, 31

분을 내어도 좋다는 말씀이 아니다. 분을 내는 것은 좋지 않다. 누구도 예외 없이 속에서 분이 날 때가 있다. 그러나 그 화를 참았을 때와 그러지 못했을 때의 결과는 하늘과 땅 차이다. 화를 참지 못하면 죄를 짓기 쉽다. 사람은 화가 나면 악독한 말을 하게 되기 때문이다. 그 말들은 결국 누군가의 마음에 큰 상처를 안겨주고 만다. 상대방을 비방하게 된다. 즉, 악의적인 생각을 하게 된다. 결국은 나도 망가지고 상대방도 깨어진다. 분노는 마귀가 가장 좋아하는 틈이다. 화를 잘 참을 수 있게 해 달라고 기도하라. 설령 부득부득 화를 내었다면 얼른 풀어라. 속에서 불이 난다면 바로 엎드리고 기도해야 한다. 해가 지도록 분을 품지 말라고 말씀하신다. 친절하게 대하라고 말씀하신다. 사람은 하나님이 이 땅에서 사는 동안에 외롭지 말라고 주신 선물이다. 사람이 내게 선물로 올 때는 아름다운 장미에 붙어있는 가시와 같은 특이한 성격까지 더불어 온다. '어떻게 그럴 수가 있어!'라는 분노의 옷을 벗고 '그럴 수도 있지. 나도 잘한 것 없다.'라는 용서의 옷을 입으라.

3) 도둑질의 옷을 벗고 수고의 옷을 입으라

> 도둑질하는 자는 다시 도둑질하지 말고 돌이켜 가난한 자에게 구제할 수 있도록 자기 손으로 수고하여 선한 일을 하라 _엡 4:28

여기서 '도둑질하는 자'라는 표현은 현재분사로 되어 있다. 즉, 도둑질이 습관이 되어 버린 사람을 가리킨다. 도둑질은 물질만 훔치는 것이 아니라 내가 수고하지 않고 그냥 남의 것을 가져오는 모든 것이다. 지식, 정보, 노력, 위치, 칭찬···. 이런 것들도 이에 해당한다. 하나님께서는 자기 손으로 수고하라고 말씀하신다.

어떤 직업도 쉬운 일은 없다. '나는 정직하게 살고 아무것도 갖지 않을 거야.'라는 사람은 그저 게으름뱅이일 뿐이다. 자신이 맡은 바에 최선을 다하고 수고의 대가를 받으며 기뻐하고 즐거워하는 것이 그리스도인의 옷이다.

모든 일에서 주님의 영감을 구하라. 발명왕 에디슨은 "천재는 99%의 노력과 1%의 영감으로 만들어진다."라고 말했다. 그 영감은 하나님이 주시는 것이다. 학생은 최선을 다해 공부하고 기도해야 한다. 사업가는 예수 믿지 않는 사람보다 더 뛰고 기도해야 한다. 하나님이 깃발을 꽂듯이 당신을 그 자리에 꽂아 놓으셨다. 다 목사이거나 선교사일 수 없다. 당신이 하나님의 전략이다. 그 자리에서 기도하고 수고하라.

본인의 이름으로 나가는 글은 본인이 쓰라. 자신의 이름으로 나가는 그림은 자신이 그리라. 열심히 일하여 돈을 벌라. 그렇게 할 때 자신의 것을 남을 도와주고 구제하는 데 사용할 수 있다. 이것이 바로 선한 일이다. 열심히 수고하여 일하고, 그 수고의 대가를 나만을 위하여 사용하지 않고 어려운 사람을 위해 나누는 것! 이것이 그리스도인의 새로운 삶의 스타일이다. 도둑질의 옷을 벗고 수고와 선한 일의 옷을 입으라.

4) 더러운 말의 옷을 벗고 선한 말의 옷을 입으라

무릇 더러운 말은 너희 입 밖에도 내지 말고 오직 덕을 세우는 데 소용되는 대로 선한 말을 하여 듣는 자들에게 은혜를 끼치게 하라 _엡 4:29

'더러운 말'은 나쁜 말, 썩은 말이라는 의미이다. 특히 성적으로 안 좋은 말들을 뜻한다. 성은 하나님이 주신 아름다운 선물이다. 남성이 여성에게 매력을 느끼는 것, 사랑하는 사람과 관계를 맺는 것, 기쁨과 설렘은 기가 막힌 하나님의 선물이다. 그 아름다운 선물을 농담과 조롱거리로 전락시키는 말을 절대 내뱉어서는 안 된다. 상황을 반전시키면서 웃음을 만드는 것이 유머이지, 다른 사람을 깎아 내리면서 웃음을 주는 것은 유머가 아니라 더러운 말일 뿐이다.

"이건 욕도 아니야!" 아니다. 그것조차 욕이다. 이런 말은 입 밖에도 내지 말라고 말씀하신다. 이러한 말은 사람을 쓰러뜨리고 상처를 입힌다. 하나님은 우리에게 선한 말을 하라고 명령하신다. 선한 말의 특징은 사람을 세우는 것이다. 용기를 주고, 격려하고, 위로하며, 바르게 살도록 한다. 은혜를 끼치게 된다. 말이라는 게 참 신기한 능력을 갖추고 있어서 어떤 말을 듣게 되면 그것에 생각을 빼앗기게 된다. 말로써 사람을 무너뜨릴 수도 있고, 세울 수도 있다. 예수님께서는 이렇게 말씀하셨다.

> 입으로 들어가는 것이 사람을 더럽게 하는 것이 아니라 입에서 나오는 그것이 사람을 더럽게 하는 것이니라 … 입에서 나오는 것들은 마음에서 나오나니, 이것이야말로 사람을 더럽게 하느니라 _마 15:11, 18

마음에서 나와서 입 밖으로 나오는 말이 사람을 더럽게 만들 수 있다는 말씀이다. 더러운 말의 옷을 벗고 선한 말의 옷을 입으라.

꼭 기억해야 할 중요한 사실이 한 가지 더 있다. 우리가 벗어 버려야 하는 옛사람의 모습은 마귀가 좋아한다는 것이다. 거짓, 분노, 도둑질, 더러운 말은 마귀가 우리의 삶에 들락날락하는 틈새가 된다. 그래서 이렇게 말씀하신다.

> 마귀에게 틈을 주지 말라 _엡 4:27

마귀는 조금만 틈을 주면 치고 들어와 우리의 삶을 망가뜨린다. 그 틈새가 바로 거짓, 더러운 말, 도둑질, 분노이다. 이런 작은 틈새를 통해서 아주 크나큰 죄를 저지르게 만들고 인생을 무너뜨린다. 이런 것은 마귀가 달라붙는 끈끈이와도 같다. 아주 조그마한 부분이라도 이런 것이 마음에 있으면 착 달라붙는다. 각 사람은 모두 약한 부분이 있으며 그 틈이 다 다를 수 있다. 그 부분을 틀어막아야 한다. 틈을 내주어서는 안 된다. 그렇기에 늘 깨어서 기도해야 한다. 아울러서 이런 것은, 성령님이 싫어하시는 것이다.

> 하나님의 성령을 근심하게 하지 말라. 그 안에서 너희가 구원의 날까지 인치심을 받았느니라 _엡 4:30

성령님은 예수의 사람인 당신과 함께하신다. 끝까지 함께 하신다. 설령 당신이 죄를 짓더라도 떠나지는 않으신다. 근심하시면서 함께 하신다. 성령님을 근심하게 하지 마라. 그리고 성령님께 '거짓', '분노', '도둑질', '더러운 말'과 같은 것들을 과감하게 벗어버리게 해 달라고 요청하라. '진실', '용서', '수고', '선한 말'을 달라고 기도하라. 성령님께 나를 진리이신 예수님 안에 늘 거할 수 있게 해 달라고 간구하라.

당신은 이미 새사람이 되었다. 하지만 옛 습관, 옛사람을 벗어 버리고, 새로운 삶의 스타일, 새사람을 입는 것은 평생의 작업이다. 계속해서 영적으로 성숙해가는 것이다. 예수님 안에 거하면서 점점 당신의 생각이 바뀌기를 바란다. 말이 새롭게 될지어다. 행동이 달라질지어다. 새사람이라는 아름다운 정체성에 걸맞은 새사람의 삶을 살아가라.

BOAZ

박호종 더크로스처치 담임, KHOP 대표

박호종 목사는 국가 기도운동을 일으키는 더크로스처치의 담임목사이며 탁월한 메신저이다. 여러 단체(YWCA, 인터콥, 두란노, 다리놓는사람들 등)의 모임에서 중보기도, 영적전쟁, Sonship의 탁월한 교사로 쓰임 받고 있다. 저서로 「기도의 집을 세우라」, 「하나님의 집이 되라」가 있다.

PARK

전환기에 살아남기

⁹ 기돈의 타작마당에 이르러서는 소들이 뛰므로 웃사가 손을 펴서 궤를 붙들었더니 ¹⁰ 웃사가 손을 펴서 궤를 붙듦으로 말미암아 여호와께서 진노하사 치시매 그가 거기 하나님 앞에서 죽으니라 ¹¹ 여호와께서 웃사의 몸을 찢으셨으므로 다윗이 노하여 그 곳을 베레스 웃사라 부르니 그 이름이 오늘까지 이르니라 ¹² 그 날에 다윗이 하나님을 두려워하여 이르되 내가 어떻게 하나님의 궤를 내 곳으로 오게 하리요 하고 ¹³ 다윗이 궤를 옮겨 자기가 있는 다윗 성으로 메어들이지 못하고 그 대신 가드 사람 오벧에돔의 집으로 메어가니라 ¹⁴ 하나님의 궤가 오벧에돔의 집에서 그의 가족과 함께 석 달을 있으니라 여호와께서 오벧에돔의 집과 그의 모든 소유에 복을 내리셨더라

대상 13:9-14

역사의 주관자, 하나님

우리는 빠르게 변화하는 시대에 살고 있다. 최근 한 기독교 언론 조사단체는 코로나바이러스 팬데믹(Pandemic)이 끝나도 비대면 예배를 고수하겠다는 그리스도인이 1/3에 달한다는 인터뷰 결과를 발표했다. 불가피하게 온라인 예배를 드리게 된 지 일 년도 지나지 않았는데 이런 결과가 나타난 것이다. 교회 밖 세상은 어떠한가? 미국의 많은 기업은 재택근무 시스템을 도입하고 있고 코로나바이러스가 끝나도 재택근무로 전환할 기업이 절반 이상이라고 한다. 이렇게 교회와 교회 밖 세상은 아주 빠르게 변화하고 있다.

마지막 때 주인공은 누구인가?

많은 사람이 마지막 때 일어날 '어둠의 일'에간 집중한다. 그러나 마지막 때를 주관하시는 분은 '하나님'이신 것을 기억해야 한다. 마지막 때는 하나님의 백성, 주님의 신부가 신랑을 맞이하는 기쁜 날이다. 우리가 마지막 때를 기대하며 두 손 들고 "마라나타! 주 예수여, 어서 오시옵소서."라고 외쳐야 하는 이유를 성경 속에서 찾아보려고 한다.

첫째, 성경은 그리스도인에게 주의 날을 사모하라고 명령하고 있다. "너희는 그날을 사모하라. 너희는 그날을 위해 기도하라. 너희는 주의 오심을 사모하라." 이 말씀을 심령 깊이 품고 기대하는 마음으로 살아가는 것이 마지막 때를 기다리는 성도들의 모습이 되어야 한다.

둘째, 예수님이 이 땅에 다시 오시는 날은 만물이 회복되는 날, 완전한 정의가 실현되는 날이다. 또한, 왕이 오셔서 우리의 눈물을 거두어 가시는 날이다. 그렇기에 우리는 주님 오실 날을 갈망할 수밖에 없다.

오직 모든 역사의 주관자이시며 전능하신 하나님을 기대해야 한다. 마지막 때에 어둠의 영, 사탄에게 허락하신 일에 주목하는 것이 아니라 오직 하나님에 시선을 고정하자. 그럴 때 우리 영이 안전하게 보호받을 수 있으며 주님의 역사에 동참하여 주인공으로 쓰임 받을 수 있다.

―

지금이 '대전환기'이다.

팬데믹이 종결된 후 우리의 미래는 어떤 모습일지 아무도 예측할 수 없다. 그러나 분명한 것은 아무 일 없던 듯 훌훌 털고 이전의 삶으로 단번에 돌아가긴 어렵다는 것이다. 이러한 대전환기의 때에 우리는 어떻게 세상에서 살아남아야 할까?

성경에는 여러 번의 대전환기가 나온다. 천지창조를 시작으로 노아의 대홍수 사건, 아브라함의 언약 사건, 본문 말씀인 여호와의 언약궤가 예루살렘 성전으로 돌아오는 사건이 그 대표적인 예이다. 본문 말씀에는 세 명의 주인공이 등장한다. 언약궤를 되찾아온 다윗, 얼떨결에 나타난 듯 보이지만 마지막 때 중요한 계시를 보여주는 오벧에돔, 가장 비극적인 죽음을 맞이한 비운의 주인공 제사장 웃사이다.

그날은 이스라엘 백성과 다윗왕이 그토록 기다리던 법궤가 반환되는 날이었다. 사람들은 잔치를 크게 열고 기뻐하며 반겼다. 그러나 법궤가 왕의 자리로 들어오던 순간에 소가 기드온의 타작마당에서 미쳐 날뛰었고, 웃사가 떨어지는 법궤를 잡는 동시에 사지가 찢겨 죽었다. 잔치가 벌어지던 곳에 순식간에 소동이 일어났다. 온 이스라엘 백성은 물론 다윗까지 겁을 먹고 도망갔다. 이 사건이 의미하는 바가 무엇일까?

먼저 '기드온의 타작마당'을 주목하자. 성경에서 타작마당은 세 가지 의미가 있다.

손에 키를 들고 자기의 타작마당을 정하게 하사 알곡은 모아 곳간에 들이고 쭉정이는 꺼지지 않는 불에 태우시리라 _마 3:12

첫째, 마태복음 3장 12절을 보면 타작마당을 결정하고 알곡과 쭉정이를 가르시는 분이 예수 그리스도임을 시사하고 있다. 타작마당은 우리의 선교적 과업과 주님의 복음이 완성되는 시간을 의미한다. 즉, 주님이 재림하시는 때이다.

둘째, 대부흥을 의미한다. 하나님이 부흥을 허락하신 추수의 때이다.

셋째, 영적 전쟁터를 뜻한다. 추수의 때에는 서로 기습적으로 침략을 하거나 타작마당에 쌓아 놓은 곡식을 약탈한다. 그래서 한쪽에서는 추수하지만, 한쪽에서는 군대가 그 곡식을 지킨다. 곡식을 빼앗기면 적군의 군량미가 되기 때문에 서로 아주 첨예하게 대처하고 전쟁이 발생하기도 한다. 하나님의 역동적 전환기에 민감한 영적 전쟁을 의미하는 것이 바로 이 타작마당이다.

이 사건은 밭도 들도 아닌 타작마당에서 일어났다. 또한 '기드온'은 '기준을 잡다, 원칙을 회복하다.'라는 뜻이 있다. 왜 하필 그 많은 타작마당 중 기드온의 타작마당에서 이러한 일이 일어났을까? 하나님은 의도적으로 기드온의 타작마당을 대전환기의 무대로 사용하셨다.

우리가 우리 하나님의 궤를 우리에게로 옮겨오자 사울 때에는 우리가 궤 앞에서 묻지 아니하였느니라 하매 _대상 13:3

우리는 지금 대전환기를 맞이하고 있다. 새로운 시대가 열리고 있다. 우리가 원하는 바와 관계없이 우리 삶과 영적 환경이 변하고 있다. 이러한 때에 우리는 다윗, 오벧에돔과 같은 자가 되어 대전환기에 살아남아야 한다.

웃사가 20년간 본 법궤는 먼지가 누렇게 내려앉은 궤짝에 불과했다. 그러니 법궤가 덜그럭거리며 떨어지려 하자 아무 생각 없이 '아휴, 다윗 왕이 저 법궤를 그렇게 좋아한다는데 내가 지켜야지.'하며 법궤를 덥석

끌어안았던 것이다.

그러나 그때는 하나님이 법궤의 영광을 회복시키고 있던 때였다. 하나님이 새 일을 행하시는 순간이었다. 불행히도 웃사는 이를 알지 못했고 비운의 죽음을 맞이하게 되었다. 우리도 성령이 교회에 하시는 음성을 듣지 못하면 웃사처럼 될 수밖에 없다. 그러므로 깨어있어야 한다! 청년과 다음 세대여, 성령님의 일 하심에 민감하게 반응하라!

웃사의 영을 죽여라

웃사는 왜 죽어야만 했는가? 웃사는 전형적인 인본주의를 의미한다. 법궤를 운반할 때, 먼저 법궤를 성결케 한 후 어깨에 메어 운반하는 것이 이스라엘의 규례였다. 하지만 웃사는 소 달구지에 싣는 방법으로 법궤를 운반했다. 전형적인 블레셋 사람이 이방인의 신상을 옮길 때 쓰는 방식을 사용한 것이다.

다윗과 사울의 가장 큰 차이가 무엇일까? 다윗은 무식할 만큼 사람에게 관심이 없었다. 그의 모든 관심과 초점은 하나님의 마음에 맞춰져 있었다.

그 후에 그들이 왕을 구하거늘 하나님이 베냐민 지파 사람 기스의 아들 사울을 사십 년간 주셨다가 폐하시고 다윗을 왕으로 세우시고 증언하여 이르시되 내가 이

새의 아들 다윗을 만나니 내 마음에 맞는 사람이라 내 뜻을 다 이루리라 하시더니
_행 13:21~22

그러나 사울은 눈에 보이지 않는 하나님보다 백성의 소리에 더욱더 마음을 두었다. 백성의 소리를 두려워했기 때문이다.

교회에 인본주의가 열리면 세속주의가 들어오고, 세속주의가 들어오면 그곳은 그저 종교적인 행위를 하는 공동체가 된다. 인본주의의 모든 기준은 사람이다. 사람의 생각, 가치, 기준, 소리, 눈에 맞춰 법과 제도를 만들어 간다. 우리의 예배당에는 최첨단 미디어 시스템과 화려한 조명, LED 스테이지가 준비돼 있다. 그러나 그 자리가 콘서트장이 될지 예배의 장이 될지 결정하는 것은 우리이다. 뜨겁게 예배할지라도 십자가가 없다면 우리는 웃사와 다를 바 없다. 웃사가 죽을 수밖에 없던 이유가 무엇인가? 그는 인본주의적 가치관을 따랐다. 그러므로 우리는 우리 안에 있는 웃사의 영을 죽여야 한다. 우리도 모르게 들어온 세속적 가치관을 끊어낼 수 있어야 한다. 성경에 맞춰 가치관을 바로잡아라! 시대를 분별하라!

진리의 말씀을 회복하라

올해 우리 교회에 하나님이 주신 말씀은 '회복(Restoration)'이다. 회복이란 원래의 상태로 돌이키거나 원래의 상태를 되찾는 것을 뜻한다.

그렇다면 우리가 되찾아야 하는 원상태는 무엇인가? 다윗은 속옷이 흘러내릴 정도로 춤을 추다 비참한 죽음을 맞이할 뻔했다. 그는 웃사의 죽음으로 열정보다 더 중요한 것이 있음을 깨달았다. 바로 그때서야 모세의 율법을 떠올린 것이다.

모세가 여호와의 말씀을 따라 명령한 대로 레위 자손기 채에 하나님의 궤를 꿰어 어깨에 메니라 _대상 15:15

너희는 그의 언약 곧 천 대에 명령하신 말씀을 영원히 기억할지어다 이것은 아브라함에게 하신 언약이며 이삭에게 하신 맹세이며 이는 야곱에게 세우신 율례 곧 이스라엘에게 하신 영원한 언약이라 _대상 16:15~17

우리는 뉴노멀(New normal, 새로운 기준 또는 표준) 시대를 살아가고 있다. 하지만 우리가 되찾아야 하는 노멀(Normal)은 **영원히 변치 않는 진리의 말씀이다.** 그렇기에 우리는 살아남기 위해 말씀을 취하는 법, 분별하는 법, 읽는 법을 배워야 한다. 진리의 말씀으로 세상을 분별하며 깨어있어야 한다. 마지막 때가 될수록, 예수님이 오시는 날이 가까워질수록 진짜보다 가짜가 화려할 것이고 가짜는 진짜인 척할 것이다. 때로는 가짜가 진짜보다 더 영광스러워 보일 수도 있다. 그러므로 눈에 보이고 귀에 들리는 대로 행동하지 않아야 한다. 진리의 말씀이 우리의 안경이 되어야 한다. 언제나 변함없이 우리의 능력이고 생명이며 진리인 말씀을 취하자. 우리가 진리의 말씀으로 돌아가 세상을 분별할 수 있는 영적 실력을 갖추길 소망한다.

다윗이 회복한 것은 진리의 말씀이다. 오직 말씀만이 기준이고 원칙이다. 세상이 아무리 흔들리더라도 기준이 분명하면 살 수 있다. 사울이 통치하던 시절 레위인은 땅의 분깃이 없어 길바닥에서 움막 생활을 했다. 기도와 예배를 통해 이스라엘을 신정 통치 국가로 세울 의무가 있는 제사장 지파임에도 기준이 흔들리고 원칙이 무너져 제 역할을 할 수 없던 것이다. 그래서 다윗은 왕이 되자마자 레위인들을 불러 모아 예배를 회복시켰고 원칙과 기준을 분명히 세웠다.

코로나바이러스로 이동이 제한적인 지금이 최적의 훈련 시간이다. 골방에서 혼자 예배하고 말씀을 보며 하나님과 일대일로 만나는 연습을 하는 시간이다. 우리의 처소에서 하나님의 임재를 경험해야 한다. 기도와 예배가 일상에서 회복돼야 한다. 우리 삶에 위기가 왔을 때 일상에서의 훈련이 빛을 발할 것이다. 가볍게 만들어진 크리스천의 모습이 아니라 스스로 믿음을 취하여 은혜받는 기도의 군대가 일어나기를 바란다.

성령으로 기도하라

말씀이 기본이 되려면 성령님과 동행해야 한다. 성령님과 기도, 예배는 트라이앵글이다. 말씀을 읽다 보면 기도하게 되고, 말씀과 기도가 제대로 이루어지면 성령님이 충만하게 임한다. 지금 이 시즌에 교회로 얼른 돌아갈 생각만 하는 것이 아니라 골방에서 드려지는 예배를 뚫어내라! 골방에서 돌파하는 영성을 만들어라! 수천 명의 군중 속에서 기도하고 예배하는 것도 좋지만, 광야처럼 뚝 떨어진 곳에서 홀로 하나님의 임재를 체험하는 법도 배워야 한다. 웃사의 죽음에서 깨달음을 얻은 다윗은 기준과 원칙을 회복시키고 기도와 예배를 재정립했다. 단순히 왕국을 세운 것이 아니라 하나님의 통치와 다스림을 갈망하는 비전을 새롭게 확립한 것이다.

여호와의 임재에 택함을 받은 자가 되자

'오벧에돔'은 '에돔의 종이 되다, 에돔을 섬겨라.'라는 뜻이다. 즉, 오벧에돔은 블레셋 사람이었다. 어떻게 이방인인 그가 제사장도 끌어안다 죽은 법궤를 집에 가져갈 수 있었을까?

오벧에돔은 다윗의 경호원으로 눈동자와 같이 다윗을 지키는 사람이었다. 모세에게 여호수아가 있던 것처럼 다윗에게는 오벧에돔이 있었다. 다윗이 쫓겨 다니며 은밀한 곳에 숨어 예배드릴 때 그 영광을 옆에서 지켜보며 모든 여정을 함께 이겨낸 자가 오벧에돔이다. 그는 이방인임에도 예배를 사모했고 여호와의 말씀을 회복하며 법궤를 가져오는 데 힘썼다. 그래서 웃사가 죽고 주위가 순식간에 아비규환이 되었을 때도 날아오는 법궤를 끌어안아 다윗을 보호했다.

하나님이 새 일을 행하시는 전환기에 어떤 자는 웃사처럼 죽어 없어질 수 있다. 그러나 오벧에돔처럼 날아오는 법궤를 끌어안는 자들이 있다. 이들은 여호와의 임재에 택함을 받은 자들이다. 지금 이 시대에도 곧 오실 예수님의 길을 매듭지어야 할 세대가 일어나야 한다. 우리가 사는 세상은 점점 악해질 것이며 특별히 기독교를 향한 박해가 더욱더 심해질 것이다. 그렇기에 하나님의 영광을 운반하는 자들이 일어나야 한다.

그러나 우리의 현실을 보라. 다윗도 도망가고 제사장들도 모두 도망가서 하나님의 영광과 위대한 비밀이 담겨있는 그 법궤를 받을 만한 주인공이 없는 상황이다. 우리 함께 결단하지 않겠는가? 기도하지 않겠는가? 당신이 법궤를 받을 주인공이 되길 소원한다.

코로나바이러스가 창궐하기 이전에 나는 수많은 나라를 다녔다. 영어를 사용하는 것이 편한 사람이 아닌데도 아시아 게더링(ASIA Gathering, 아시아의 큰 교회 리더 모임)을 주관할 기회가 생겼고 아시아 여러 나라를 다니면서 목회자 수백 명 앞에서 말씀을 전할 기회가 있었다. 그들은 모두 자신의 본국에서 다섯 손가락 안에 드는 세계적인 리더들이다. 그리고 나는 그 나라에서 유명한 사람이 아닌데도 나를 초청했다. 그 이유는 무엇인가? 바로 '기도' 때문이다. 그들은 한국처럼 기도하고 싶다고 이야기한다. 과거 한국은 가난한 나라였다. 하늘을 쳐다봐도 떨어질 게 없고, 땅을 파도 나올 게 없었던 나라였다. 그런데 어느 날 갑자기 코리안 드림(Korean Dream)이라는 말과 함께 전 세계에 이름을 알리기 시작했다. 이 땅에 기적이 일어난 것이다. 나는 기도가 이 기적의 원동력이라고 생각한다. 우리 함께 기도하자. 하나님의 임재가 다시 한번 대한민국을 택하시기를!

"하나님, 위대한 유업을 가진 이 나라의 사랑하는 아들과 딸들이 이 영광을 다시 한번 취할 수 있게 하소서. 법궤가 갈 곳이 없다면 다시금 대한민국을 택하여 주소서. 그 법궤가 나와 내 가문으로 기울거지기를 원합니다. 오늘 그 하나님의 영광이 나와 내 집에 오시옵소서. 우리가 쓰임 받기를 원합니다. 그 길이 고될지라도, 내 힘으로 불가능한 길일지라도 여호와가 허락하시면 가겠습니다. 법궤가 택하면 가겠습니다. 주여, 법궤가 다시 우리를 택하게 하여 주시옵소서."

PAUL — C

폴 칠더스 국제 YWAM 코나 열방대학교 대표, Word by Heart 창립자

폴 칠더스 목사의 가족은 100년 이상 동안 교회 사역에 헌신해 왔으며 4대를 걸쳐 교회 리더와 설교자들을 배출하였다. 그는 워드바이하트(Word By Heart)를 창립했으며 지금까지 6개 대륙, 87개 나라에서 복음을 전해오고 있다. 현재 하와이 코나 예수전도단 열방대학에서 로렌 커닝햄 부부와 함께 리더십으로 섬기며 650명의 스텝과 더불어 매년 3,000여명의 사역 훈련에 헌신하고 있다.

HILDERS

하나님의 파도를 타라

하나님은 지금 이 시즌에도 큰 파도를 일으키고 계신다. 코로나바이러스는 우리의 삶을 어렵고 무기력하게 했지만, 오히려 성령의 불은 전 세계에 번지고 있다. 그리고 우리 마음의 중심에서 하나님 나라가 더욱 부흥하며 확장되고 있다.

우리가 기도하고 말씀을 묵상하며 성령님과 연결될 때 하나님은 성령의 파도를 열방에 일으킬 준비를 하신다. 그리고 우리를 그 파도 속으로 초청하신다.

―

'하나님의 파도'란 무엇인가?

먼저 하나님이 우리를 초청하신 그 파도가 무엇인지 생각해보자. 최근 하와이 오아후섬의 마우이 지역 북쪽 해안에 큰 파도가 일었다. 이 지역에 파도가 생성되는 원리는 무엇일까? 먼저 북태평양에서 형성된 큰 폭풍이 거대한 바람을 만든다. 이때 높아진 기압이 바닷물의 표면을 누르고 그 바람 에너지가 바다 깊숙한 곳으로 침투한다. 그리고 물 입자가 서로 밀고 당기는 현상을 만들면서 큰 소용돌이가 일어나며 파도가 생성되는 것이다. 이렇게 형성된 파도는 해안가 근처로 오기 전까지 그 크기를 가늠하기 어렵다. 파도가 해안가로 밀려들면서 수심이 얕아지면 파도의 아랫부분만 땅의 저항을 받게 된다. 그로 인해 파도의 경사가 급해질 때 그제야 비로소 우리는 파도의 크기를 알 수 있게 된다.

이 파도가 생성되는 원리에 빗대어 하나님이 우리의 삶을 운행하시는 방법에 관해 설명하려고 한다.

> 하나님의 영은 수면 위에 운행하시니라 _창 1:2

하나님은 열방 곳곳에 흩어져 있는 그리스도인들을 기도의 자리로 이끄신다. 하나님의 말씀이 심령 가운데 깊이 새겨지게 하셔서 주님을 더욱더 잘 알 수 있게 하신다. 그때, 하나님의 바람이 우리에게 불기 시작한다. 하나님의 '일하심'에 우리의 영이 반응하기 시작하는 것이다. 하나님이 성령의 바람을 일으키면 일으키실수록 하나님 영이 우리 안에 더욱더 스며들게 된다.

처음에는 바람의 크기가 바다 위의 잔물결 정도로 보이지만, 실제로는 하나님의 모든 에너지가 우리에게 부어진 것이다. 하나님의 때가 가까워질수록 하나님의 파도는 점점 높아질 것이며 끝내는 온 세상을 덮게 될 것이다. 그리고 '그날'에 우리는 하나님의 영광을 목격하게 될 것이다.

하나님의 에너지가 영혼 가운데 깊이 부어지면 우리는 마지막 때에 추수할 일꾼으로 준비될 수 있다. 그리스도인의 대적인 사탄은 코로나바이러스를 퍼트려 이 세상을 멸망시키려고 하지만, 오히려 주님은 이 상황을 이용해 하나님의 자녀들이 주님의 마음에 합한 자로 거듭나게끔 이끄신다. 우리는 그분의 에너지를 영적으로 강하게 흡수해야 한다. 그럴 때 하나님이 전 세계에 놀랍게 일하시는 것을 볼 수 있을 것이다. 아멘!

하나님의 파도를 타는 법

무리가 몰려와서 하나님의 말씀을 들을새 예수는 게네사렛 호숫가에 서서 호숫가에 배 두 척이 있는 것을 보시니 어부들은 배에서 나와서 그물을 씻는지라 예수께서 한 배에 오르시니 그 배는 시몬의 배라 육지에서 조금 떼기를 청하시고 앉으사 배에서 무리를 가르치시더니 말씀을 마치시고 시몬에게 이르시되 깊은 데로 가서 그물을 내려 고기를 잡으라 시몬이 대답하여 이르되 선생님 우리들이 밤이 새도록 수고하였으되 잡은 것이 없지마는 말씀에 의지하여 내가 그물을 내리리이다 하고 그렇게 하니 고기를 잡은 것이 심히 많아 그물이 찢어지는지라 이에 다른 배에 있는 동무들에게 손짓하여 와서 도와 달라 하니 그들이 와서 두 배에 채우매 잠기게 되었더라 시몬 베드로가 이를 보고 예수의 무릎 아래에 엎드려 이르되 주여 나를 떠나소서 나는 죄인이로소이다 하니 이는 자기 및 자기와 함께 있는 모든 사람이 고기 잡힌 것으로 말미암아 놀라고 세베대의 아들로서 시몬의 동업자인 야고보와 요한도 놀랐음이라 예수께서 시몬에게 이르시되 무서워하지 말라 이제 후로는 네가 사람을 취하리라 하시니 그들이 배들을 육지에 대고 모든 것을 버려 두고 예수를 따르니라 _눅 5:1~11

예수님이 갈릴리 해안가에서 설교하실 때 많은 사람이 몰려왔다. 사람들이 점점 많아져 서로 밀치기 시작하자 예수님은 배에 올라타 하나님 나라가 어떤 곳인지 말씀해 주셨다. 이 말씀을 파도의 원리에 빗대어 보자.

성령의 바람이 그날 갈릴리 해안가에 모인 모든 사람에게 불었다. 그 바람에 반응한 사람에게는 하나님의 에너지가 심령 가운데 부어졌을 것이다. 그중 '시몬'이라는 사람이 있었다. 예수님이 그 시몬에게 말씀하셨다. "시몬아, 그물을 내려 고기를 잡아라." 시몬이 대답했다. "선생님, 우리가 밤새도록 일했지만, 아무것도 잡지 못했습니다. 그러나 말씀에 의지하여 순종하겠습니다." 시몬과 그의 동료들은 즉시 그물을 던졌고 배가 가라앉을 만큼의 물고기를 잡았다. 이 말씀은 무엇을 의미하는가? 하나님의 말씀을 들을 때, 성령의 바람을 타고 우리에게 불어온 하나님의 뜻과 부르심에 순종한다면 우리는 주님의 일꾼으로 준비될 수 있다는 것이다.

하나님의 추수는 그물이 찢어질 정도로 물고기를 많이 잡아 배가 가라앉을 지경에 이른 것처럼 우리의 상상을 초월한다. 하나님은 지금 이 시대에도 동일한 역사가 일어나길 원하신다. 그리고 우리도 엄청난 추수의 때를 맞이하게 될 것이다. 하지만 그보다 먼저 알아야 할 것이 있다. 첫 번째는 '이 시기에 하나님이 무엇을 역사하실지'이고 두 번째는 '하나님이 우리의 삶에 어떤 성령의 바람을 일으킬 준비를 하시는지'이다.

본문 말씀에서 예수님은 하나님 나라의 완성을 위한 첫 번째 파도를 일으키셨다. 바로 세상으로 보낼 예수님의 제자를 세우는 일이다. 훗날 이렇게 세워진 제자들은 하나님께 순종하는 믿음으로 아프리카와 아시아, 중동, 유럽을 돌아다니며 복음 혁명을 일으켰다. 사도행전 17장 말씀처럼 세상을 뒤집은 것이다. 이것이 우리가 팬데믹 상황에도 주저하지 않고 세상에 복음을 전해야 하는 이유이다.

우리가 코로나바이러스를 뛰어넘어 하나님의 뜻을 향해 전진할 때 하나님이 계획하신 놀라운 많은 일이 우리 삶에 펼쳐질 것이다. 대한민국이 뒤바뀌는 역사가 일어날 것이다. 그리고 마침내 성령의 바람이 다음 세대를 일으키는 것을 보게 될 것이다. **하나님의 목적은 지금 이 땅의 청년과 다음 세대가 그 어느 때와도 비교할 수 없는 부흥의 세대로 일어나는 것이다.** 아멘!

하나님 파도의 역사

예수님이 일으킨 첫 번째 파도는 전 세계에 영향을 주었다. 랠프 윈터스(Ralph Winters) 박사는 예수님의 제자들이 복음을 전한 후 믿는 사람과 믿지 않는 사람의 비율이 1:360으로 줄어들었다고 한 보고서에서 발표했다. 그러나 이것은 단지 시작에 불과했다. 곧이어 두 번째 파도가 일어났다. 강력한 복음의 파도가 유럽 구석구석을 덮쳤고 A.D 1000년경에는 1:270의 비율로 불신자가 감소했다. 하나님은 멈추지 않고 계속해서 파도를 일으켰다. A.D 1500년에는 1:85의 비율까지 감소했으며 선교의 불이 유럽 전역에서 퍼지기 시작했다. A.D 1900년이 되어 1:21의 비율까지 이르자 1970년에 드디어 복음의 파도가 대한민국에서도 일어났다. 대부흥의 역사가 아시아를 비롯한 라틴 아메리카와 아프리카에도 임했다. 하지만 여기서 놀라기에는 아직 이르다. 하나님의 파도는 여전히 현재 진행 중이기 때문이다. 최근 조사한 2010년 자료에 따르면 그리스도인과 비그리스도인의 비율이 1:7까지 감소했다고 한다. 하나님은 주님의 나라가 이 땅에 올 때까지 성령의 파도를 계속해서 일으키신다.

하지만 우리 주변을 둘러보면 믿는 자보다 불신자가 훨씬 많은 것처럼 느껴지기도 한다. 그렇다. 복음을 반대하는 자의 수는 적지 않으며 사탄은 코로나바이러스를 이용해 하나님의 일을 막으려고 하고 있다. **하지만 우리는 잊지 말아야 한다. 하나님의 파도는 쉬지 않고 역사 속에서 일어나고 있다.** 세상이 멈출 수 없고 우리의 대적이 막을 수 없다. 하나님의 파도를 막을 수 있는 것은 아무것도 없다. 하나님은 언제나 신실하게 역사하신다.

> 이는 물이 바다를 덮음 같이 여호와의 영광을 인정하는 것이 세상에 가득함이니라
> _합 2:14

하나님의 파도는 강력하게 커지고 있다. 하박국 말씀처럼 물이 완전히 바다를 덮을 것이다. 이것이 바로 '하나님의 비전'이다. 우리가 살아가는 도시와 대한민국, 아시아, 세계에 물이 바다를 완전히 덮는 역사가 일어나길 하나님은 기대하신다. 이미 시작된 하나님의 파도는 전 세계로 퍼지게 될 것이다!

다음 세대여 일어나라!

거대한 파도를 타고 있는 당신의 모습을 상상해보자. 파도를 타는 서퍼(surfer)는 파도에 몸과 마음을 온전히 집중해야 한다. 파도 소리가 들리는가? 이 파도를 탈지 말지 망설일 수 없다. 그저 완전하게 결속돼야 한다.

하나님의 사역도 마찬가지이다. 우리는 하나님이 일으키는 파도의 주역이다. 그렇기에 하나님 나라를 위한 일에 온전히 몰두하고 헌신해야 한다. 현시대의 청년과 다음 세대는 이 세계적인 부흥의 파도를 이끌게 될 것이다.

우리는 하나님의 파도를 어떤 마음으로 어떻게 탈 것인가?

남아메리카의 아이티로 선교를 하러 다녀온 10대 선교사들의 간증이다.

이들은 마을의 집마다 방문해 복음을 전하면서 마을 주민에게 이렇게 물었다. "이 마을에 아픈 사람이 있습니까? 저희는 하나님이 아픈 사람들을 치료하길 원하신다고 믿습니다. 저희의 기도로 그들이 주님의 능력을 체험하길 원합니다." 이 이야기를 들은 한 사람이 대답했다. "이 마을의 끝으로 가면 몸이 굉장히 아픈 사람이 살고 있습니다." 그들은 바로 그 집으로 향했고 그곳에서 아무 기척도 없이 누워있는 여인을 만났다. 그들은 이 여인을 둘러싸고 기도하기 시작했다. "주님, 예수의 이름으로 이 여인을 고쳐주시옵소서." 한참을 기도하던 중 이 여인이 일어나 말하기 시작했다. 그리고 그 순간 한 남자가 집에 들어왔다. 그들은 놀라 물었다. "누구시죠?" 남자가 대답했다. "저는 이 여인의 남편 되는 사람입니다." 남자의 대답에 이들은 기뻐하며 방금 일어난 놀라운 일을 설명해주었다. "하나님께서 당신의 아내를 치료해주셨습니다!" 그러나 남자는 뜻밖의 대답을 했다. "아닙니다. 하나님은 제 아내를 치료하지 않으셨습니다. 제 아내는 어젯밤 죽었습니다. 하나님은 제 아내를 죽음에서 건져 살리신 것입니다!" 남자의 말에 선교사들은 모두 놀라면서도 안도의 한숨을 쉬었다. "저희가 그 사실을 몰랐기에 다행입니다. 만약 알았더라면 믿음이 부족하여 기도할 생각조차 하지 않았을 것입니다."

하나님의 일하심이 놀랍지 않은가? 하나님은 젊은 세대가 복음의 능력을 표출하길 원하신다. 나와 내 아내는 하나님이 열방 곳곳으로 그분의 말씀이 담긴 성경을 전달하는 일에 청년을 사용하시는 것을 보았다. 특히 네팔에 기독교인이 단 한 명도 없었던 때를 생생하게 기억한다. 하지만 감사하게도 지난 5년간 히말라야 외지에 있는 미전도 종족에게까지 성경이 전해졌다. **바로 청년과 다음 세대를 통해서 말이다! 이들은 하나님의 바람과 파도가 그들의 삶을 덮을 수 있도록 오직 하나님의 말씀에 순종했다. 그리고 하나님은 파도를 일으키시고 그들을 사용하여 놀라운 일을 역사하기 시작하셨다.**

돌파한다는 것은 참으로 어렵고 힘든 도전이다. 그러나 지금, 이 순간에도 많은 청년이 하나님의 음성에 순종하여 미전도 종족에게 복음을 전파하고 있음을 기억하자.

실제적인 삶의 돌파를 이뤄내라

당신도 하나님이 일으키는 파도의 주역이 되고 싶지 않은가? 성령님이 당신의 삶에 역사하도록 순종하지 않겠는가? 지금처럼 락다운(lockdown)으로 고립된 상황에서 삶에서 이를 실현하며 하나님의 파도를 탈 방법을 몇 가지 나누려고 한다.

첫 번째, 지금 당장 넷플릭스(Netflix) 계정을 삭제하자. 스트리밍 플랫폼은 세속적인 문화의 파도를 우리 안에 흘려보낸다. 과감히 '삭제' 버튼을 누르고 넷플릭스를 보던 시간을 말씀으로 채워보자.

두 번째, 성경을 쪼개 읽자. 이 방법으로 30일 안에 성경을 통독할 수 있다.

세 번째, 매일 1시간 30분씩 재생 속도를 높여 오디오 성경을 들어보자. 하나님의 말씀을 하루도 쉬지 않고 들을 때 우리의 마음은 성령의 불로 가득 채워질 것이다.

네 번째, 30일 동안 개인 SNS에 복음의 메시지를 올려서 많은 사람과 공유하자. SNS를 통해 하나님의 파도가 흘러넘칠 것이다.

마지막, 줌(Zoom) 또는 라이브 스트리밍 플랫폼을 활용하여 24시간 예배하자!

모든 것이 멈춘 것 같은 이 시대에 하나님의 파도가 일렁이게 하자! 그럴 때 우리는 하나님 나라의 파도가 점점 커져서 대한민국과 아시아를 넘어 모든 대륙을 덮는 것을 보게 될 것이다. 기억하자! **하나님은 우리를 사용하고 싶어 하신다.**

"주님, 대한민국과 전 세계에 있는 청년과 다음 세대를 축복합니다. 주의 청년들이 삶 가운데 성령의 바람을 경험하게 하시고 오직 주님의 영광으로 채워지게 하소서. 예수 그리스도의 이름으로 우울함을 가져오는 영은 묶임 받고 그들의 영과 혼에서 떠나갈지어다! 예수 그리스도의 이름으로 모든 우울은 소망과 믿음으로 바뀔지어다! 주님, 이들의 마음과 영혼에 임하셔서 이들이 자기 자신만을 보는 것이 아니라 주님의 부르심에 순종하도록 이들의 마음을 열어주시옵소서. 모든 청년과 다음 세대를 축복하여 주셔서 이들이 주님의 능력을 체험하고 주님의 파도를 타는 주인공이 되게 하여 주시옵소서. 예수님의 이름으로 기도합니다. 아멘."

Q. 목사님은 예수전도단 열방대학에서 많은 청년을 가르치고 계십니다. 그리고 그중에 한국의 젊은이들을 사랑하신다고 들었습니다. 한국인이 아닌 외국인으로서, 또 열방의 젊은이를 훈련하는 목사님으로서 한국의 젊은 세대가 가진 선교의 가능성이 어떤지 궁금합니다. 또 객관적인 관점에서 한국 선교와 젊은 선교사들에게 거는 기대감이 있는지도 궁금합니다.

대한민국은 지난 40년간 선교에 있어서 너무나도 중요한 역할을 해왔습니다. 그리고 여전히 대한민국에 선교의 파도가 일어나고 있다고 생각합니다. 하나님은 특별히 대한민국의 청년과 다음 세대를 선교에 사용하고 싶어 하십니다. 당신은 하나님 나라를 이 세상에 임하게 하는 특별한 사명을 받았습니다. 그렇기에 우리는 당신이 필요합니다. 한국의 청년과 다음 세대의 열정과 불씨, 헌신, 갈망이 필요합니다. 지금 이 시대뿐 아니라 미래에도 마찬가지로 하나님은 당신을 통해서 대한민국 사회 곳곳에 부흥의 파도가 전파되기를 원하십니다.

Q. 목사님의 올해 사역과 목표, 계획, 기도 제목이 있는지 궁금합니다.

하나님은 우리를 가만히 침체하도록 두지 않으십니다. 하나님은 우리를 계속해서 선교지로 내보내십니다. 지금 가장 바라는 것은 2021년 3월에 나이지리아로 선교 가는 것입니다. 그리고 특히 그 땅에서 어려운 환경에 있는 많은 사람에게 주님의 말씀을 전해서 그들이 주님께 돌아오기를 소망합니다. 또 독일과 스위스, 하와이 선교센터에서 많은 사람을 훈련하고 가르치며 격려할 것입니다. 마지막으로 올해인 2021년 6월 말쯤에 있을 한국 방문을 기대하고 있습니다. 코로나바이러스도 우리를 막지 못할 것입니다. 아멘.

ANDY

앤디 버드 Fire and Fragrance Ministries, Circuit Rider Movement

앤디 버드 목사와 그의 아내 홀리는 열방과 이 세대 가운데 영적 각성을 일으키기 위해 헌신된 삶을 살고 왔다. 그는 하와이 코나 예수전도단 열방대학에서 리더십으로 섬기고 있으며, 불과 향품(Fire and Fragrance), 서킷라이더(The Circuit Rider)운동과 더샌드(The Send) 개척을 도왔다.

BYRD

돌파를 갈망하는 세대

한국은 한국 교회만의 용기와 강인함으로 전 세계에 선교사를 파송하는 선교 강국이 되었다. 하지만 지금의 한국은 다음 세대에게 신앙을 전수하는 것이 긴급하고 간절한 상황이다. 온 마음을 다해 청년과 다음 세대에게 집중해야만 한다. 그래서 나는 '장님 바디매오' 이야기를 나누려고 한다. 이 말씀에 담긴 청년과 다음 세대를 향한 하나님의 놀라운 통찰력과 계시가 풀어지길 소망한다.

여리고에 가까이 가셨을 때에 한 맹인이 길 가에 앉아 구걸하다가 무리가 지나감을 듣고 이 무슨 일이냐고 물은대 그들이 나사렛 예수께서 지나가신다 하니 맹인이 외쳐 이르되 다윗의 자손 예수여 나를 불쌍히 여기소서 하거늘 앞서 가는 자들이 그를 꾸짖어 잠잠하라 하되 그가 더욱 크게 소리 질러 다윗의 자손이여 나를 불쌍히 여기소서 하는지라 예수께서 머물러 서서 명하여 데려오라 하셨더니 그가 가까이 오매 물어 이르시되 네게 무엇을 하여 주기를 원하느냐 이르되 주여 보기를 원하나이다 예수께서 그에게 이르시되 보라 네 믿음이 너를 구원하였느니라 하시매 곧 보게 되어 하나님께 영

광을 돌리며 예수를 따르니 백성이 다 이를 보고 하나님을 찬양하니라 _눅 18:35-43

예수님이 여리고 가까이 가셨을 때 바디매오라는 장님이 길가에 앉아 구걸하고 있었다. 그는 주변에서 나는 소란스러운 소리를 듣고 옆에 있던 행인에게 물었다.

"무슨 일이 있습니까?"
"나사렛 예수라는 분이 지금 지나가고 있소."

바디매오는 깜짝 놀랐다. 소문으로만 듣던 기적을 행하는 분이 자신의 앞을 지나가고 있다는 것이 아닌가! 이때 그의 반응을 보면 예수님을 따라가던 무리보다, 심지어 예수님의 제자들보다 예수님을 향한 믿음이 더욱 컸던 것 같다. 지금, 이 순간이 다시는 오지 않을 중요한 순간임을 깨닫자 바디매오는 큰소리로 외쳤다.

"다윗의 자손 예수여! 나를 불쌍히 여기소서!"

우리가 이 외침을 깊이 묵상할 수 있길 바란다. 예수님을 '다윗의 자손'이라고 부른 것은 그가 실제로 예수를 메시아로 믿고 있었음을 보여준다. '외쳤다'라고 쓰인 단어는 헬라어로 '보아오(βοάω)'인데, '**내 안에 모든 것을 끄집어내어 외치다.**'라는 뜻을 의미한다. 즉, 아주 절실하고 절박하게 예수님의 도우심을 구한 것이다.

하지만 바디매오의 간절한 부르짖는 소리에 사람들은 오히려 그를 책

돌파를 갈망하는 세대 **115**

망했고 조용히 하라며 꾸짖었다. 상상해보라. 길가에 앉아서 자비 좀 베풀어달라는 장님에게 너무 가혹한 반응이지 않은가? 이들은 적그리스도를 따르던 자들이 아니라 예수님을 따라가고 있던 무리였다. 예수님과 동행하며 올바른 신앙생활을 하던 사람들이었다는 말이다. 그런데도 이들은 바디매오의 절박한 외침에 불만을 표출했다.

"야, 바디매오! 우리 지금 예수님이랑 좋은 시간 보내고 있는 거 안 보여? 지금 예배드리면서 교제하는 거 안 보여? 지금 네가 우리의 시간을 방해하고 있어. 너 너무 시끄러워!"

하지만 바디매오는 아랑곳하지 않고 더 크게 소리치기 시작했다. 사람들의 핀잔에 주눅 드는 것이 아니라 더욱더 열정적으로 부르짖었다.

"다윗의 자손 예수여! 저에게 자비를 베풀어 주시옵소서!!!"

마침내 그의 울부짖음이 예수님을 둘러싸고 있던 군중과 소란스러움을 뚫고 예수님에게 닿았다. 예수님은 가던 길을 멈추시고 제자들에게 바디매오를 데려오라고 하신다. 그의 절박한 외침에 반응하신 것이다. 그리고 바디매오에게 물으셨다.

"내가 너에게 무엇을 해주기를 원하느냐."
"주님, 제가 앞을 보기를 원합니다."
"네 믿음이 너를 구원하였다."

나는 이 이야기가 현 기독교의 현실을 보여준다고 생각한다. 교회에 다니는 많은 사람이 예수님을 따라 살아간다고 말한다. 하지만 삶의 모습은 어떠한가? 교회에 소속되어 안전하기만 한 신앙생활을 추구하고 있지는 않은가? 바디매오는 치유에 대한 갈망으로 돌파를 원했던 사람이었기에 그는 열과 성을 다해 예수님을 향해 브르짖었다. 주변의 믿는 사람들이 그를 질타했지만, 그는 멈출 수 없었다. 오히려 더 크게 부르짖었다.

현시대를 살아가는 우리도 비슷한 상황을 맞이한 것 같다. 장담하건대 예수님이 길가를 지나가신 그날, 분명히 바디매오처럼 병들고 삶의 돌파가 필요한 수많은 사람이 있었을 것이다. 하지만 한 사람만 치유를 받았다. 갈망의 소리, 온 힘을 다한 부르짖음, 돌파를 향해 외치던 한 사람. 오직 바디매오만이 치유의 기적을 경험했다. 돌파를 경험한 것이다.

나는 하와이 코나(Kona)에 있는 예수전도단(YWAM) 본부에서 많은 한국인과 함께 사역을 해왔다. 내가 아는 한국 사람들은 부르짖는 것에 두려움이 없다. 사랑하는 예수님에게 자신의 열정과 정성을 보여 드리는 것에 거리낌이 없다. 그들은 돌파를 위해 간절히 부르짖으며 기도한다. 하지만 지금 우리는 그 어느 때보다 사회로부터 침묵을 요구받고 있다. 지금 이 시대의 문화는 그리스도인들에게 조용히 하라고 압박을 가한다. 심지어 같은 그리스도인조차 과한 열정은 식히라고 질타한다. 지금 이 시대를 살아가는 우리 모두는 진정으로 나아가야할 길을 잃어버리고 있다. 예수님의 사랑을 모른채 세상과 타협하고 음란한 죄악과 혼돈 속에 빠져서 살아간다.

긴박하다. 긴급하다! 한국의 다음 세대가 바디매오와 같이 일어나야 한다. 포기치 않고 주님께 돌파를 부르짖는 세대! 사회의 억압에 휘둘리지 않는 세대! 문화의 억압에 굴복하지 않는 세대! 대적 앞에 침묵하지 않는 세대! 수동성과 두려움을 가뿐하게 격파하는 다음 세대가 시급하게 일어나야 한다!

예수님은 지금도 열방의 모든 도시를 살피시며 부흥을 갈망하신다. 우리가 바디매오처럼 두려움을 버리고 울부짖기를 원하신다. 지금 이 시대는 이전과 다른 전략으로 복음을 전해야 한다. 이전과 다르게 기도해야 한다. 우리는 반드시 다음 세대에게 복음을 전해야 한다. 그렇지 않으면 그 영혼들을 놓쳐버릴 수 있다. 그렇기에 우리는 사회의 압력과 방해에도 쉽게 포기할 수 없다. 하나님은 부흥의 세대를 일으키고 계신다. 나는 줌(Zoom)을 통해 한국과 유럽 나라의 많은 나라와 소통하며 큰 소망을 품는다. 왜냐하면 당신의 눈에서 열정의 불이 보이기 때문이다.

하나님은 지금 두려움에 굴복하지 않는 다음 세대를 일으키고 계신다.

"성령님, 청년과 다음 세대를 위해 기도합니다. 아들에게 용기를 부어주시옵소서. 성령의 불을 부어주시옵소서. 주님, 청년과 다음 세대들이 자신의 목소리를 찾기를 기도합니다. 그래서 이들이 다음 세대와 하나님 나라를 위해 목소리를 더욱더 높이게 하소서. 주님, 부흥의 파도를 대한민국에 보내 주시옵소서. 기도의 파도를 대한민국에 부어주시옵소서. 주님, 다음 세대를 향한 마음을 일깨워 주시옵소서. 우리 모두에게 이전에는 경험하지 못한 주님의 놀라운 능력으로 임재하여 주시옵소서. 주님은 파도가 지금, 이 순간 이 시즌에 임하여 주시옵소서. 주님, 저희는 돌파를 갈망합니다. 감사합니다. 예수님의 이름으로 기도합니다. 아멘."

Q. 목사님은 'The Send'라는 선교 운동을 일으키셨습니다. 저는 다음 세대가 선교에 헌신하는 일들이 한국에도 일어나야 한다고 생각하는데, 'The Send'를 통해 어떤 많은 일이 일어나고 있는지 궁금합니다. 또한 코로나바이러스로 우리가 모일 수 없는 이 시즌에도 하나님의 선교는 멈추지 않고 계속되고 있습니다. 지금 하나님께서 어떤 일을 일으키고 계신다고 생각하시나요?

우리가 모이지 못하기에 하나님께 더욱더 집중할 수 있습니다. 소망은 목사나 교사, 예배인도자에게 있지 않습니다. 그렇다고 부흥회나 교회에 있는 것도 아닙니다. 소망을 찾기 위해서는 기도와 복음을 전하는 자리로 나아가야 합니다. 예수님을 믿는 그리스도인들이 책임감 있는 마음으로 복음을 전하고 제자를 양성하며 생기가 넘치는 기도의 삶을 살 때 소망을 가질 수 있습니다. 그렇기에 혼란스러운 이 시대지만 한국의 청년과 다음 세대에게 격려와 도전의 메시지를 전하고 싶습니다. 시간을 더는 지체하지 않길 바랍니다! 바로 지금이 우리가 이웃과 친구에게 다가가야 할 시기이며 깊은 기도의 삶을 살아가야 할 때입니다. 이것이 우리가 영적 부흥을 일으킬 수 있는 유일한 방법이라고 믿습니다. 아멘!

THE NEW ERA
UNCHANGEBLE
GOSPEL

LION—NA

남궁성일 열린하늘교회 담임, 대전 기도의 집 대표

남궁성일 목사는 다음 세대와 예배자를 세우기 위한 열정으로 대전 기도의 집을 설립하여 헌신적인 예배의 삶을 살고 있다. 나라와 도시뿐 아니라 북한과 열방을 향한 중보자들을 세우고 일으키고자 하는 비전이 있으며 명쾌한 강의와 탁월한 말씀사역으로 널리 사랑받고 있다.

GOONG

주님이 선포한 복음은 하나님 나라 복음이다

¹⁴ 요한이 잡힌 후 예수께서 갈릴리에 오셔서 하나님의 복음을 전파하여 이르시되 ¹⁵ 때가 찼고 하나님의 나라가 가까이 왔으니 회개하고 복음을 믿으라 하시더라

막 1:14-15

변질한 복음의 시대

　코로나바이러스로 어려운 시간을 돌파해나가고 있을 당신은 엄청난 믿음의 사람일 것이다. 믿음의 사람은 낮이나 밤이나, 온라인이나 오프라인이나 주님이 동일하게 일하심을 믿는다. 주님은 언제나 한결같은 분이시다. 이러한 주님의 말씀이 선포될 때 믿음으로 듣고 심령에 새기는 사람은 반드시 변화될 것이다.

　이번 콘퍼런스 주제는 '새로운 시대, 불변의 복음'이다. 세상의 가치로는 그리 썩 조화롭지 못한 말이다. 하지만 비전스테이션의 많은 중보자와 리더들이 기도하며 이 주제를 받은 데는 분명한 이유가 있을 것이다. 그리고 기도를 하면 할수록 내 안에 새로운 인사이트가 부어졌다.

　세상의 가치에 따른다면 '새로운 시대, 새로운 방법'이나 새로운 프로그램, 새로운 전략과 같은 것들로 주제를 정하는 게 맞다. 하지만 지금까지 역사상 하나님 나라의 복음을 사수하고 본질을 붙잡으며 나아가는 믿음의 사람들에게는 동일한 믿음이 있었다. 이 모든 것들이 점차 내 안에 풀어지면서 새로운 것만이 정답은 아니라는 깨달음이 있었다.

이 콘퍼런스에 오기 몇 주 전, 존경하는 김삼성 목사님과 형제 목사님들을 만나 함께 시간을 보냈다. 그때 목사님이 목사님으로서 부르심을 받은 말씀 구절을 우리에게 나눠주셨다.

> 또 내가 그리스도의 이름을 부르는 곳에는 복음을 전하지 않기를 힘썼노니 이는 남의 터 위에 건축하지 아니하려 함이라 _롬 15:20

이 말씀을 받고 김삼성 목사님은 미전도 종족과 복음이 없는 곳에 가서 삶을 온전히 드리기로 결심하셨다. 맞다. 복음이 없는 곳엔 복음을 전해야 한다. 그런데 복음의 본질이 아닌 잘못된 복음, 유사 복음, 거짓된 복음이 전달된 곳에는 어떻게 해야 하는가?

최근 한국교회는 극심한 수평 이동이 진행 중이다. 나는 몇 년 전만 하더라도 수평 이동을 찬성하진 않았다. 그런데 교회들 가운데 주님이 말씀하시지 않은 복음을 선포하거나 세속에 타협하여 날카로운 검과 같은 복음의 능력을 잃어버린 교회라면 하나님이 하나님의 양떼를 다른 교회로 옮기실 수 있겠다는 마음이 들었다.

하나님 나라 복음의 본질로 돌아가야 한다

최근에 하나님은 깨어있는 목사님과 기도하는 사람들에게 동일하게 하시는 말씀이 있다. 이는 바로 '재정렬과 재배치'이다. 하나님이 새롭게 재정렬하시고 재정비하시는 일이 곳곳에서 일어나고 있다. 물론 몸 된 교회를 충성스럽게 섬기는 것이 가장 중요하다. 그런데 우리는 왜 성도의 수평 이동과 재정렬, 재배치에 주목해야 하는가? 코로나바이러스로 모든 것이 멈춘 지금, 왜 수많은 영혼이 말씀을 찾아 헤매는가?

> 하나님의 아들 예수 그리스도의 복음의 시작이라 _막 1:1

복음은 한결같다. 그런데 교회와 믿는 사람들의 모습에서 변화, 개혁, 자기 삶을 드리고자 하는 의지는 소수의 사람에게서만 찾아볼 수 있다. 우리는 본질로 돌아가야 한다. 하나님이 코로나바이러스를 통해 세상을 재정렬, 재정비하시는 이 시즌에 본질적 복음을 사수하는 교회는 살아남고 변화되거나 변질하여 유사한 복음, 가짜 복음, 축소된 복음을 쓰는 교회는 더욱더 흔들리게 될 것이다.

> 그리스도의 은혜로 너희를 부르신 이를 이같이 속히 떠나 다른 복음을 따르는 것을 내가 이상하게 여기노라 _갈 1:6

이 말씀처럼 지난 이 천년 동안 다른 복음을 따르는 자들이 많아졌다. 세속주의에 찌들어버린 이 세상에 적당히 타협하며 시대의 트렌드를 따라간다. 교회가 맥도날드나 스타벅스도 아닌데 말이다. 기억하라, 교회는 영원히 변함이 없으시고 언제나 동일하신 영원한 복음, 예수 그리스도의 역사이며 예수 그리스도의 몸이다.

주님이 선포한 복음은 하나님 나라의 복음이다. 1세기 때 바울의 선포처럼 예수가 그리스도이심을 인정하고 전하는 것이다. 그 시대를 살아간 그들의 입술에서 시대에 따라 변하는 복음이 아닌 하늘로부터 오신 영원한 생명, 말씀이신 하나님, 영생이신 예수가 그리스도임을 선언하는 본질적인 복음이 선포됐다. 20~30대에게는 유행을 따르는 복음이 필요한가? 나이가 들면 또 다른 방식의 복음이 필요한가? 아니다. 우리 모두에게는 이천년이 지나도 변함없는 동일한 복음이 필요하다.

본질적인 복음이 전해지면 한 영혼이 변하고 궁극적으로 그 사회가 변한다. 도시와 국가를 변화시키고 싶은가? 명쾌하고 확실한 방법이 있다. 새로운 방법, 새로운 전략, 새로운 추세를 찾으며 시간 낭비하지 말고 복음, 예수님의 깊은 생명, 그분의 빛 가운데 진리, 예수 그리스도를 깊게 묵상하여 본질로 돌아가라.

1) 본질적인 복음 안에서의 예배

최근 하나님이 묵상하게 하시는 말씀이 '독수리 복음'이라고도 불리는 요한복음이다.

> 말씀이 육신이 되어 우리 가운데 거하시매 우리가 그의 영광을 보니 아버지의 독생자의 영광이요 은혜와 진리가 충만하더라 —요 1:14

> 하나님은 영이시니 예배하는 자가 영과 진리로 예배할지니라 —요 4:24

이 말씀은 예수님이 사마리아 여인을 만나 진리 없는 예배를 드리는 사마리아인과 영이 없는 예배를 드리는 유대인들에게 본질적인 복음 안에서 드리는 예배를 알려주기 위해 선포하신 말씀이다.

2) 본질적인 복음 안에서 제자도

이 시대를 살아가는 수많은 사람, 특별히 젊은 세대는 자유를 갈망하고 억압받기를 싫어한다. '자유'란 무엇인가? 요한복음 8장 32절에서 '진리를 알지니 진리가 너희를 자유롭게 하리라'고 말씀하신다. 진정한 자유는 하나님의 변하지 않는 복음 안에서 주님께 얽매이고 구속되는 것이다.

'제자'도 마찬가지다. 요한복음 8장 31절에 '너희가 내 말에 거하면 참으로 내 제자가 되고'라고 말씀하신다. 세상의 인문학적인 프로그램으로 제자를 만드는 것이 아니라 예수 그리스도의 본질적 복음의 능력으로 제자화하는 것이다. 사도들이 복음의 본질을 붙들고 나아갔던 것처럼 영원히 변하지 않는 말씀이 우리 안에 거하면 우리 또한 예수 그리스도의 제자가 된다. 교회마다 수많은 제자훈련 프로그램이 있다. 하지만 시대와 트렌드가 바뀜에 따라 적당히 수준을 낮추거나 바꾸고 각 시대의 문화에 따라 말씀을 해석하며 타협했다. 그리고 그 변질한 말씀으로 영혼을 가르쳤기 때문에 진정한 본질적 의미의 제자화가 이뤄지지 않았다. '제자화'도 본질적인 복음이 전해져야 일어난다.

요한복음에 퍼즐처럼 흩어져 있는 주옥같은 생명의 말씀은 본질로 돌아가라는 것이다. 우리가 본질로 돌아가서 진리의 말씀을 사수할 때 말씀의 폭발적인 능력이 발휘될 것이다. 강단에 서는 사람이 자기의 경륜과 지식을 의지하지 않고 진리이신 말씀만 의지하여 믿음으로 말씀을 전하면 그 입술에 힘이 실리게 된다. 이것이 바로 하나님 나라의 복음이다.

3) 본질적인 말씀을 붙드는 기도

요한복음 15장 7절에서 '너희가 내 안에 거하고 내 말이 너희 안에 거하면 무엇이든지 원하는 대로 구하라 그리하면 이루리라'라고 말씀하신다. 교회는 왜 법당이 되었는가? 교회가 왜 이방인들처럼 기도하는가? 본질적 진리 안에서 기도하지 않고 내가 하고 싶은 것, 먹고 싶은 것, 원하는 것, 구하고 싶은 마음의 소원을 앞세워 기도하기 때문이다. 그러니 우리의 기도가 기대대로 이뤄지지 않을 때 서운해하고 실망하며 남을 시기하고 질투하다 넘어지는 것이다. 청년들이여, 기도의 본질을 깨우쳐라. 기도의 본질은 진리가 우리의 내면을 통치할 때 입술을 열어 주님과 대화하는 것이다. 우리의 기도가 본질로 돌아갈 때 주님이 응답하실 것이다.

야고보서 5장을 묵상하다가 '엘리야의 기도'의 비밀을 알게 됐다.

> 엘리야는 우리와 성정이 같은 사람이로되 그가 비가 오지 않기를 간절히 기도한즉 삼 년 육 개월 동안 땅에 비가 오지 아니하고 다시 기도하니 하늘이 비를 주고 땅이 열매를 맺었느니라 _약 5:17~18

믿음의 기도는 역사하는 힘이 크다. 엘리야가 3년 반 동안 이스라엘에 비가 내리지 않기를 선포했을 때 선포대로 이루어졌다. 본질적 기도에는 능력이 임한다. 본질적인 하나님의 말씀을 붙잡는 기도는 분명히 성취될 것이다. 하나님이 응답하시는 기도, 하나님이 이루시는 기도의 능력을 경험하길 바란다.

> 하나님의 말씀과 기도로 거룩하여짐이라 _딤 4:5

5) 본질적인 복음을 위한 올바른 헌신

하나님 나라를 위한 올바른 헌신이 무엇일까? 하나님 나라를 위해 사업한다는 사람 중 자신의 유익을 위해 주님의 이름을 가져다 쓰는 사업가가 있는 반면, 온전히 주님의 영광을 위해 삶을 드리는 사업가가 있다. 이들은 재정과 인사 등 모든 기업 조직을 주님이 통치하는 시스템에 맞춰 운영한다. 하나님의 복음은 명쾌하고 심플하다. 가르치고 복음을 전하고 고치는 것이다. 복음을 들은 사람은 자석에 이끌리듯 예수님께 사로잡힐 수밖에 없다. 그리고 하나님 나라를 위해 헌신하게 된다. 많은 사람이 시대가 변했으니 시대에 따라 트랜디한 교회 또는 예배를 만들어야 한다고 말한다. 물론 그런 요소들을 효과적으로 사용할 수 있으면 좋지만, 그런 부분들을 고민하다 결국 본질을 잃어버릴 수도 있다. 중요한 것은 본질인 말씀과 기도이다. 복음은 인문학이나 철학이 아니다. **복음은 하나님의 능력이다.** 이천 년 전이나 지금이나 한결같은 복음이 선포될 때 우리의 삶이 뒤바뀔 것이다. **하나님은 언제나 옳으시고, 언제나 진리이시기 때문이다.**

하나님 나라 복음의 시작

종의 복음이라고도 불리는 '마가복음'은 주님이 무엇을 섬기러 이 땅에 오셨는지 말씀하신다. 그 시작을 알리는 중요한 서원이 마가복음 1장 1절 말씀이다.

하나님의 아들 예수 그리스도의 복음의 시작이라 _막 1:1

성령이 곧 예수를 광야로 몰아내신지라 광야에서 사십 일을 계시면서 사탄에게 시험을 받으시며 들짐승과 함께 계시니 천사들이 수종들더라 _막 1:12~13

마가복음 1장 12절~13절을 보면 예수님이 시험을 당하신다. 구체적인 시험내용이 나오진 않지만, 마태복음 4장과 누가복음 말씀을 대조해 찾아볼 수 있다. 예수님이 3번의 시험에서 사탄을 이긴 권세는 무엇인가? 이는 하나님의 본질적 말씀이다.

예수께서 대답하여 이르시되 기록되었으되 사람이 떡으로만 살 것이 아니요 하나님의 입으로부터 나오는 모든 말씀으로 살 것이라 하였느니라 하시니 _마 4:4

요한이 감옥에 갇힌 후 예수님이 갈릴리에 오셔서 하나님의 복음을 선포하셨다. 그리고 그 복음의 실제적 권능이 마가복음 1장 16절에서부터 나타나기 시작한다.

그리고 예수께서 갈릴리 호수 가를 거닐다가 시몬과 그 동생 안드레가 호수에 그물을 던지는 것을 보셨는데 그들은 어부였습니다 _막 1:16

예수님은 복음을 위해 함께 나아갈 자, 동역할 자, 제자를 부르셨다. 우리도 무엇을 하든 오직 '복음'에 사로잡혀서 해야 한다. 그 일을 완수해서 그저 높이 올라가거나 잘되는 것, 성공하는 것이 우리를 향한 하나님의 부르심이 아니다. 어부를 하더라도 사람을 낚는 어부, 사업을 하더라도 하나님 나라의 확장을 위한 사업을 해야 한다. 그것이 하나님이 원하시는 것이다.

주님이 선포한 복음

예수님이 말씀하신 하나님 나라의 복음은 무엇인가?

1) '자기 복음'이 아니라 '하나님 나라 복음'이다

하나님이 말씀하고 선포하신 복음은 '자기 복음'이 아니라 '하나님 나라의 복음'이다. 청소년 또는 청년들을 위한 목회를 하다 보면 혼적으로 힘들어하는 많은 지체를 만난다. 자기 내면의 영적 싸움 중인 것이다.

너는 이것을 알라 말세에 고통하는 때가 이르러 사람들이 자기를 사랑하며 돈을 사랑하며 자랑하며 교만하며 비방하며 부모를 거역하며 감사하지 아니하며 거룩하지 아니하며 무정하며 원통함을 풀지 아니하며 모함하며 절제하지 못하며 사나우며 선한 것을 좋아하지 아니하며 배신하며 조급하며 자만하며 쾌락을 사랑하기를 하나님 사랑하는 것보다 더하며 경건의 모양은 있으나 경건의 능력은 부인하니 이같은 자들에게서 네가 돌아서라 _딤후 3:1~5

마지막 때 신호 19가지 중 가장 먼저는 자기를 사랑하는 것이며 가장 나중은 하나님보다 쾌락을 더 사랑하는 것이라고 한다. 사랑에는 문제가 없다. 그러나 사랑의 대상과 우선순위가 문제다. 우리는 하나님을 먼저 사랑하고 그 사랑으로 말미암아 자기와 가족, 이웃을 사랑할 줄 알아야 한다. 이와 반대로 먼저 자기를 사랑하고 하나님보다 쾌락을 더 사랑하게 하는 것이 마지막 때 일어나는 영적인 현상, 적그리스도의 영이다.

그런데 믿음의 사람들이 모여있는 교회 안에도 신앙 있는 척하면서 자기의 왕국을 세우려는 사람이 있다. 자기 의를 내세우려고 하는 사람이 있다. 그들은 교회와 하나님 나라를 자기 입맛대로 바꾸려 한다. 심지어 하나님까지도 바꾸려 한다. 성경에도 내면의 영적 싸움에 패배하여 스스로 무너진 사람들을 찾아볼 수 있다. 사울왕은 자신이 내키는 것에만 부분적으로 순종하고 굉장히 탐욕적인 사람이었다. 가룟 유다 또한 삼 년 반 동안 예수님 옆에서 복음을 들었지만, 그 심령 깊숙한 곳에 있는 탐욕을 버리지 않았고 자신을 더 사랑했으며 자신만의 기준을 세웠다. 마리아가 옥합을 깨트리며 예배할 때도 '저거 가난한 사람 줬으면 좋겠네'라며 불만을 표했다. 우리는 성경을 통해 이들의 비참한 최후를 알고 있다. 우리의 기준과 지식으로 신앙생활을 하지 말자. 이는 자신만의 왕국을 세우고 자기 야망과 자기 연민, 자기 의에 빠지는 지름길이다.

최근 은혜받은 하나님의 음성이 있다. '성일아, 더는 너 자신을 증명할 필요가 없다. 그 대신 나를 증명하고 증언해라.'라는 말씀이다. 나도 능력 있는 목회자로 세워지고 싶었다. 그리고 강력한 메시지를 전달하는 설교자가 되고 싶었다. 세상에 나를 증명하고 싶었다. 하지만 개인의 탐욕을 위해 하나님의 능력을 이용하는 것이 바로 우상 숭배임을 깨달았다.

> 그러므로 땅에 있는 지체를 죽이라 곧 음란과 부정과 사욕과 악한 정욕과 탐심이니 탐심은 우상 숭배니라 _골 3:5

'너는 너를 증명할 필요가 없다. 내가 널 증명했다. 내 아들 예수 그리스도를 너희 가운데 보내어 너를 위해 십자가에 죽이고 내 생명으로 부활시킨 그것이 너의 가치를 증명한 일이다. 그러니 너는 애써 널 증명할 필요가 없다.'

우리가 공부하고 스펙을 쌓으며 돈을 버는 이유가 자신을 증명하기 위해서라면 이것은 하나님으로부터 온 것이 아니다. 사람은 본질적으로 하나님의 영광을 위해 창조됐기 때문이다. 성경에서 진리의 성령님이 임하셔서 우리의 정체성을 증언해주실 것이라고 말씀하신다. 우리는 오직 예수 그리스도만을 증언하는 증인의 삶을 살아야 한다.

> 우리가 아직 죄인 되었을 때에 그리스도께서 우리를 위하여 죽으심으로 하나님께서 우리에 대한 자기의 사랑을 확증하셨느니라 _롬 5:8

로마서 5장 8절 말씀만큼 우리를 향한 하나님의 사랑이 잘 표현된 말씀이 또 어디 있을까. 하나님의 사랑만이 우리의 가치를 증명한다.

> 또 충성된 증인으로 죽은 자들 가운데에서 먼저 나시고 땅의 임금들의 머리가 되신 예수 그리스도로 말미암아 은혜와 평강이 너희에게 있기를 원하노라 우리를 사랑하사 그의 피로 우리 죄에서 우리를 해방하시고 그의 아버지 하나님을 위하여 우리를 나라와 제사장으로 삼으신 그에게 영광과 능력이 세세토록 있기를 원하노라 아멘 _계 1:5~6
>
> 아름다운 소식을 시온에 전하는 자여 너는 높은 산에 오르라 아름다운 소식을 예루살렘에 전하는 자여 너는 힘써 소리를 높이라 두려워하지 말고 소리를 높여 유다의 성읍들에게 이르기를 너희의 하나님을 보라 하라 _사 40:9

'아름다운 소식'은 원어로 '바사르(בשר/肉)'라는 말인데 '살과 몸'을 뜻한다. 말 그대로 '복음'은 '예수님' 그 자체이다. '성찬'은 말씀이 육신 되어 오신 예수 그리스도를 변치 않고 기억하기 위해 예수님이 그분의 몸을 나눠주신 것이다. 그리고 예수 그리스도의 몸을 나누는 것에 참여한 우리는 개인의 왕국을 세우지 말고 주님의 왕국을 세우는 일에 동참해야 한다. 주님이 선포한 복음은 '자기 복음'이 아니다. 이는 '하나님 나라의 복음'이다. 복음의 온전한 본질이 우리의 삶에 회복되기를 축원한다.

2) '일시적인 복음'이 아니라 '영원한 하나님 나라 복음'이다

하나님이 선포한 복음은 '영원한 하나님 나라의 복음'이다. 콘퍼런스 주제를 들었을 때 내 안에 질문이 생겼다. 새롭다는 것이 무엇일까? 유행인가? 그럼 유행은 그저 사람들이 많이 찾는 것인가? 난 아니라고 믿는다.

> 이미 있던 것이 후에 다시 있겠고 이미 한 일을 후에 다시 할지라 해 아래에는 새 것이 없나니 _전 1:9

> 예수 그리스도는 어제나 오늘이나 영원토록 동일하시니라 _히 13:8

해 아래에 새것이 없다고 말씀하신다. 예수 그리스도는 어제나 오늘이나 영원토록 동일하시신 분이다. '새로운 것'은 그리스도 안에 있는 것이 새로운 것이고 하나님으로부터 온 것이 새로운 것이다. 오직 복음만이 영원하다.

그런즉 누구든지 그리스도 안에 있으면 새로운 피조물이라 이전 것은 지나갔으니 보라 새 것이 되었도다 _고후 5:17

이 세상이나 세상에 있는 것들을 사랑하지 말라 누구든지 세상을 사랑하면 아버지의 사랑이 그 안에 있지 아니하니 이는 세상에 있는 모든 것이 육신의 정욕과 안목의 정욕과 이생의 자랑이니 다 아버지께로부터 온 것이 아니요 세상으로부터 온 것이라 이 세상도, 그 정욕도 지나가되 오직 하나님의 뜻을 행하는 자는 영원히 거하느니라 _요일 2:15~17

이 말씀은 세상과 세상에 있는 것들이 아닌 하나님으로부터 온 것들, 즉 본질을 이야기한다. 예수님은 창세 전부터 존재했던 비밀을 전해주러 오셨다. 시대나 취향, 유행에 따라 바뀌는 것이 아니라 하나님의 입에서 나오는 명쾌한 그 복음의 비밀을 말이다. 우리는 모두 교회이다. 그리고 우리의 내면에는 자신만의 성전이 있다. 우리는 이 성전을 하나님의 규격에 맞춰야 한다. 그리스도의 규격으로 잘라내야 할 것은 과감하게 잘라내고 세워야 할 것은 세워 오직 본질만을 사수해야 한다.

3) 주님이 선포하신 복음이어야 '회개'하고 믿는다

태초부터 있는 생명의 말씀에 관하여는 우리가 들은 바요 눈으로 본 바요 자세히 보고 우리의 손으로 만진 바라 _요일 1:1

주님이 선포한 복음만이 우리를 회개케 하고 변화시킨다. 왜 부흥회를 가도 예전만큼 뜨거운 회개가 일어나지 않는가? 왜 사람이 변화되지 않는가? 프로그램이 약해서가 아니다. 세상적 차원의 문제가 아니다. 복음의 본질! 하나님 나라의 본질인 복음이 선포되면 분명한 '회개'는 일어난다.

> 사랑하는 자들아 내가 새 계명을 너희에게 쓰는 것이 아니라 너희가 처음부터 가진 옛 계명이니 이 옛 계명은 너희가 들은 바 말씀이거니와 _요일 2:7

그 바뀌기 어렵다고들 말하는 목회자인 나도 복음으로 변화하는 경험을 했다. 살아계신 하나님의 말씀을 들었을 때 우리는 성령의 감동을 따르게 된다. 말씀이 들어오면 우리의 의와 마음은 꺾일 수밖에 없다. 하나님의 복음, 예수 그리스도의 복음이 회복되면 한국 교회는 회복하고 부흥할 수 있다. 청년과 다음 세대여, 회복되어 하나님이 허락하신 대한민국의 부르심을 붙들라. 오직 하나님의 말씀에 순종하여 십만 선교사를 열방으로 내보내고 하나님 나라를 위한 비전에 순종하고 헌신하라!

종교개혁을 일으킨 마틴 루터는 '오직 은혜, 오직 믿음, 오직 말씀'을 이야기했다. 우리 돌아가자. 여호와의 은혜 안으로 돌아가고, 여호와의 믿음으로 돌아가며, 여호와의 말씀으로 돌아가자. 혼란스럽게만 느껴지는 이 시즌 가운데 새로운 것을 찾으려 애쓰지 말고 이 세상을 돌파하게 할 불변의 복음을 붙들자. 본질을 사수하며 주님 앞에 엎드려 복음을 전하면 말씀이 살아서 일하실 것이다. 우리가 온전한 복음 안에 바로 설 때 하나님이 개인도, 도시도, 국가도, 전 세계도 변하게 하실 줄 믿는다.

"주님, 본질적인 복음이 회복되게 하소서. 다음 세대와 한국 교회 어떻게 하면 살 수 있습니까. 저희가 복음으로 돌아가겠습니다. 복음에 대한 믿음이면 잃어버린 영혼과 다음 세대를 회복할 수 있습니다.

예수님의 이름으로 혼적인 것들이 다 떠나갈지어다.

세속적인 모든 것들이 예수님의 이름으로 떠나갈지어다.

하나님은 말씀으로 이 세상을 창조하셨고 이 세상의 역사를 이끄셨으며 앞으로도 이끄시고 마무리하실 것입니다. 말씀이 곧 능력이고 생명입니다. 말씀이 우리의 유일한 소망입니다. 아무리 세상이 변해도 하나님의 말씀은 불변입니다.

주님, 우리의 삶과 우리의 생각이 하나님 말씀 앞에 정렬되게 하소서. 우리 삶 가운데 오직 본질적인 복음만이 소망되게 하소서. 우리의 삶의 기준이 말씀이 되게 하소서.

주님, 죄인인 나를 찾아오신 하나님의 아들이 감격스러웠고 나를 회복시킨 그 복음이 새로웠습니다. 순수하게 말씀을 듣고 기도하고 헌신했습니다. 그러나 시간이 지나며 세속적인 것들을 접하면서 불순한 것들에 물들어 나의 신앙에 걸림돌이 되는 것을 느끼지 못했습니다. 이 모든 모습을 내려놓고 주님 앞에 회개합니다. 주님의 말씀이 선포될 때 그 달콤으로 내 심령을 깨끗하게 하소서.

그 순수했던 첫 믿음과 열정을 회복하고 싶습니다. 주님, 어두운 세상의 빛이 되길 원합니다. 형식적인 그리스도인이 아닌 진짜 그리스도인이 되길 원합니다. 주변 사람에게 그리스도의 향기를 전할 수 있는 사람이 되길 원합니다. 순수한 마음으로 주님 앞에 설 수 있도록 성령님께서 이끌어 주십시오. 주님을 간절히 구합니다. 더 크게 역사하시고 나를 뒤바꾸실 하나님을 기대합니다. 아멘."

DAVID

데이비드 차 KAM선교회 대표

데이비드 차 선교사는 KAM선교회의 대표이며, 라이트하우스라는 이름으로 전 세계적인 기도의 불을 밝히는 온라인 연합 기도처소를 세우고 있다. 특별히 시대분별과 마지막 때에 대한 메시지로 잠자는 많은 성도들을 깨우고 있으며, 탁월한 전략가로 주목받고 있다.

CHA

왕의 길을 준비하라

⁷ 문들아 너희 머리를 들지어다 영원한 문들아 들릴지어다 영광의 왕이 들어가시리로다

시 24:7

다가오는 10년을 준비하는 태도

얼마 전 한국세계선교협의회(KWMA)에서 "앞으로 십 년이 중요하다."라는 이야기를 나눴다. 지금은 하나님을 믿지 않는 자들도 그들의 정체성을 노골적으로 드러내는 시대이다. 이러한 시대의 분위기 속, 믿음의 청년들은 앞으로 10년의 시간을 어떻게 준비해야 하며 복음으로 무장돼야 할까.

1) 하나님으로부터의 자유를 꿈꿨던 세대

모두가 오늘보다 더 나은 내일을 꿈꾼다. 하지만 애석하게도 이 땅에 유토피아는 없다. 영원한 왕이신 예수님이 오셔야지만 이 땅에 궁극적인 회복이 시작된다. 그런데 성경은 예수님이 오시기 전 다른 누군가가 먼저 올 것이라고 말씀하신다. 그는 우리에게 평화와 인권의 회복, 환경과 재난문제를 해결하겠다고 말할 것이다. 그러나 말씀에 의하면 먼저 오는 자는 도둑이며 거짓말쟁이다. 사단은 '속이는 자요. 멸망케 하는 자요.

모든 것을 무너뜨리는 거짓의 아비'이기 때문에 사람들을 그럴듯하게 속이지만 결국 세상을 파괴하는 자라는 것이다.

믿는 자들은 세계의 흐름에 관심을 두고 지켜봐야 한다. 세계적으로 일어나는 갈등이 특정인물이나 정치적 성향의 대립만은 아니기 때문이다. 1517년에 독일에서 시작된 '종교개혁'을 생각해보자. 그 당시 전염병이 유행하면서 유럽 인구의 3분의 1이 죽었다. 또한 가톨릭이 주가 된 시대였다. 대개 '프랑스 혁명'을 자유롭고 혁명적인 역사적 사건이라고 생각하지만, 사실 프랑스 혁명의 열매를 정확히 살펴봐야 한다.

모두가 그러하듯 프랑스 시민들도 조금 더 좋은 세상이 오기를 바랐다. 그래서 그들은 깃발을 들고 혁명을 일으켜 왕권 제도를 무너뜨리는 피의 혁명을 시작했다. 과연 그들이 원하던 사회가 이뤄졌을까? 아니다. 그 이후에는 어마어마한 전쟁의 영을 가진 절대 군주 나폴레옹이 등장했다. 프랑스 혁명의 주체는 하나님으로부터의 자유였다. 그들이 꿈꾸던 유토피아는 하나님과 말씀, 성경에서 벗어나 인간이 중심이 된 세상이었다. 이런 프랑스 혁명의 결과로 많은 철학가가 생기고 공산주의 이론이 맺히며 오늘날 잘못된 환경주의 운동으로 결합됐다. 그리고 이것이 오늘날 미국 땅으로 침투했다.

2) 하나님으로부터의 자유 vs 복음으로 죄를 이겨 얻는 자유

우리나라에 두 가지 정치적 이념의 대립이 있는 것처럼 미국에도 두 가지의 자유가 치열하게 싸우고 있다.

첫 번째, 하나님으로부터의 자유이다.

한 예로 그들은 자신의 성(性)적 정체성을 스스로 결정하려고 한다. 인간은 성별이 정해져서 태어난다. 그러나 현재 미국의 윤리로는 만 10세가 되면 성적 정체성을 스스로 결정할 수 있으며 부모의 동의가 없어도 국가의 지원받아 수술할 수 있다. 도저히 이해할 수 없는 이 정책의 배경은 무엇인가? 그들의 기준은 말씀이 아니라 인간이다. 인간의 욕구를 충족할 수 있도록 돕는 것이 국가의 기능이라고 생각하고, 사람들은 그것을 열망한다. 인간 중심의 세상이 모든 기준을 허물고 있는 것이다.

두 번째, 복음으로 죄를 이길 때 얻을 수 있는 자유이다. 영국과 미국에서 시작된 혁명이 이 자유를 일으켰다. 이 자유는 오늘날 복음주의적 영국을 건설하는 기초정신이 되었다. 1800년도의 영국은 말씀 안에서 자유를 충만하게 누렸던 많은 지도자가 있었다. 그리고 모든 것을 누릴 수 있는 위치에 있음에도 스스로 좁은 길을 선택했던 탁월한 영적 지도자들이 존재했다.

당시 충만한 복음의 능력을 받은 사람들이 영국에서 조선까지 복음을 가져온 역사를 우리는 알고 있다. 그 복음이 미국에도 전달되며 20세기에 가장 강력한 나라가 되었고 그 혜택으로 가난했던 대한민국이 세계에서 가장 앞서가는 정보통신기술을 보유한 나라로 발전하게 되었다. 그 놀라운 발전의 중심은 무엇인가? 바로 예수그리스도 안에서 회복된 복음의 능력이다.

3) 속사람을 관리하자

하나님을 떠나고자 하는 자유는 우리 안에 심겨 있다. 하나님 안에서 자유를 누리고 싶어 하는 속사람과 하나님을 떠나 거짓된 자유를 누리고 싶어 하는 죄인의 모습을 한 속사람이 우리 안에서 싸우고 있다.

미국은 독립선언과 노예해방, 남북전쟁으로 말미암아 노예제도를 폐지했다. 그러나 흑인들에게 노예해방이 선포됐다고 해서 그들이 마음껏 누릴 수 있었을까? 아니다. 기존의 틀과 투쟁하는 자, 힘써 싸우는 자만이 자신에게 주어진 권리를 누릴 수 있었다. 마찬가지로 이천 년 전 예수 그리스도가 십자가에 못 박히심으로 모든 원수의 거짓과 죄의 사슬로부터 우리는 자유케 되었다. 하지만 우리는 때때로 자유롭지 못하고 원수 마귀에게 속고 만다. 마귀는 우리가 죄와 육신, 감정의 노예가 되도록 속인다. 하나님의 부르심을 이루지 못하도록 유혹하고 영적인 힘을 감소시킨다.

우리는 말씀 안에서의 자유를 누리기 위해 영적인 힘을 가져야 한다. 때로 우리는 '내가 원하는 자유를 누리라'는 마귀의 끊임없는 거짓말과 유혹에 속기도 한다. 하지만 마귀도 자기의 때가 얼마 남지 않은 걸 알아야 한다. 결국, 복음의 능력이 승리할 것이기 때문이다.

몇몇 과학자들은 영원한 삶을 영위하고 싶은 욕망에 사로잡혀 뇌에 저장된 모든 기억과 의식을 디지털화해 새로운 몸에 이식하는 연구를 끊임없이 하고 있다. 인간을 영적인 존재로 보지 않기 때문에 이러한 일을 하는 것이다. 믿지 않는 자들은 그런 시대를 꿈꾸며 기다린다. 그러나 하나님은 말씀을 통해 그런 자들의 모습을 비웃고 계신다.

어찌하여 이방 나라들이 분노하며 민족들이 헛된 일을 꾸미는가 세상의 군왕들이 나서며 관원들이 서로 꾀하여 여호와와 그의 기름 부음 받은 자를 대적하며 우리가 그들의 맨 것을 끊고 그의 결박을 벗어 버리자 하는도다 하늘에 계신 이가 웃으심이여 주께서 그들을 비웃으시리로다 _시편 2:1~4

앞으로 어떤 세상이 올 것인가? UN(국제연합)의 미래 보고서에 따르면 국가에서 국민이 최소한의 인간다운 삶을 영위할 수 있도록 국민 수당을 주는 정책이 있다고 한다. 세계는 이러한 흐름으로 흘러가고 있다. 국가가 개인을 노예처럼 여기며 삶에 합당한 수당을 주겠다는 이 정책의 결과가 예상되는가? 청년들이 설 수 있는 일자리는 없어지고 국가에서 주는 임금을 받아 사는 우울한 시대가 온다는 것이다. 그렇다면 우리 믿는 자들은 어떻게 살아야 하며 영적으로 어떤 준비를 해야 할까.

왕의 길을 준비하는 방법

한 대학교의 교수들이 연구한 글을 읽어보니 앞으로 올 시대에는 창조하는 그룹이 사회의 가장 상위레벨에 있을 것이라고 한다. 두 번째는 유통하는 그룹, 세 번째는 그것을 카피하는 그룹, 네 번째는 노예계급이라고도 부를 수 있는 소비계층이다. 예를 들어 유명 작곡가가 곡을 만들면 가수가 그 곡을 유통하고, 그 뒤에 카피하여 곡을 써내는 작곡가나 재생산하는 업체들, 나머지는 그것들을 소비하는 계층이다. 창조하는 그룹은 극소수이지만 앞으로 이 시대는 창조하는 그룹이 가장 강력한 힘을 가지게 될 것이다.

이것은 창세기 1장에 하나님이 이 세상을 창조하심으로 나타난다. 우리의 창조자이신 하나님을 깊이 경험하면 죄를 이겨내고 하나님의 부르심으로 갈 수 있는데 많은 사람은 여호와의 높은 산이 아닌 이집트의 노예와 같이 나일강에서 살고 싶어 한다.

1) 소명을 바라보며 사는 삶

오늘날 사탄은 '워라밸(Work-life balance, 일과 삶의 균형)'을 꿈꾸게 한다. 얼마나 듣기 좋은 말인가. 이것이 요즘 청년들이 원하는 삶이다. 듣기에는 좋을 수 있으나 우리는 이것을 성경적 가치관과 비교해봐야 한다. 당신은 '워라밸'을 중요하게 여기는 목사님 밑에서 훈련을 받고 싶은가? 세상은 그런 자를 '삯꾼'이라 부른다. 사탄은 이런 문화를 들이밀며 우리 삶 속에 침투한다.

하나님은 노동이 아닌 소명을 바라보며 살라고 말씀하신다. 사명을 주고 싶어 하신다. 그러나 사탄은 사명, 즉 하나님 나라의 비전을 발견치 못하도록 훼방을 놓는다. 미디어를 통해 세상적 가치관을 흘려보내어 우리를 몽롱하게 하고 세속적 문화에 물들게 한다. 그렇기에 많은 그리스도인이 한 손에는 성경을, 다른 한 손에는 텔레비전 채널을 돌리며 두 마음을 품는다. 예수님 만나서 천국도 가고 싶고 이 땅에서 좋은 삶도 누리고 싶은 것이다. 그러나 이는 하나님 말씀과 정반대되는 말이다. 청년과 다음 세대여, 결단하라! 예수 믿는 자에게는 딱 한 길밖에 없다. 비전 받은 사람은 주님께 올인하는 것이다.

워라밸은 뱀이 하와를 유혹했던 것처럼 사명감으로 충만해야 할 청년들이 세상과 타협하도록 유혹하는 세상 문화이다. 120년 동안 방주를 만들었던 노아가 워라밸을 추구하는 사람이었다고 생각해보자. 절대 방주를 완성하지 못했을 것이다. 이렇듯 성경을 기준으로 보면 확실하게 판별되는 일들이 우리의 가치관 가운데 마치 진리인 것처럼 파고들었다. 하나님은 우리가 그분의 부르심을 따라 열심히 달려갈 때 적극적으로 지지해주신다. 수동적으로 끌려가는 삶을 사는 것이 아니라 사명을 위해 능동적으로 죽을 각오를 하며 살아가는 하나님의 사람이 되길 소망한다.

2) 악한 미디어의 영과 멀리한 삶

요즘 SNS에 들어가면 흔히 볼 수 있는 '죄의 모습'이 있다.

첫째는 자기애(愛)이다. 벗은 몸을 찍어 올리며 누가 더 몸이 좋은지 자랑한다. 우리의 몸은 하나님이 주신 성전이다. 성령님이 거하시는 공간으로 생각하고 여겨야 한다. 그렇기에 건강관리를 해야 하고 사명 감당을 위해 구별된 삶을 살아가야 하는 것이다. 우리는 자기애에 빠져 몸을 관리하고 자랑하지 않아야 한다. 자기애도 죄의 결과이다.

두 번째는 먹방(먹는 방송)과 게임이다. 남들이 먹는 것보다 조금 더 맛있고 멋있어 보이는 것들을 찍어 올리며 자랑한다. 그런 것에 우리는 속는다.

세 번째 사치품이다. 좋은 집과 차, 학벌 등을 자랑한다. 세상의 가치로 누가 더 잘 살아가고 있는지 비교하고 시기하게 한다.

별거 아닌 것처럼 보이지만 안 좋은 음식을 먹으면 우리 몸의 세포가 병들어 암에 걸리는 것처럼 이것 또한 우리의 영을 병들게 한다. 성경 속 데마가 성령 충만한 상태로 하나님의 일을 했음에도 지옥에 간 이유는 그의 속사람을 관리하지 않았기 때문이다. 그는 점차 내면에 스며드는 세상의 재미에 자신의 영혼이 취해가는 것을 몰랐다.

3) 비진리가 아닌 진리를 좇는 삶

오늘날 비진리가 진리인 마냥 우리 삶 속에 들어와 있다. 하나님은 실수가 없으신 분이다. 그렇기에 우리를 창조하신 분명한 이유가 있다. 그런데도 우리는 하나님 나라의 소명보다 우리의 현재 삶을 추구할 때가 많다. 우리를 왜 만드셨고 어떻게 사용하실지 궁금해 하기보다 우리는 많은 경우 눈 앞에 닥친 삶의 문제를 놓고 기도한다.

나는 스스로 왜 하나님의 뜻을 구하는 기도를 하지 않았는지 물었던 적이 있다. 혹시나 하나님이 내가 감당하지 못할 답을 하실까 두렵기 때문이었다. 그러나 부모가 자식을 위해 눈물로 회초리를 드는 것처럼 내가 묻지 않으면 하나님은 우리를 광야로 데리고 가서 물을 수밖에 없게 만드신다. 우리는 하나님의 택하심과 사랑을 받는 자들이다. 하나님의 다루심이 없는 자는 버림받고 택함 받지 못한 자이다. 내 마음대로 살 수 없는 것, 광야 가운데 있는 것! 이것이 축복이다.

4) 하나님 안에서 평안을 누리는 삶

　오늘날 우리가 살아가는 이 땅 대한민국은 아침에 눈을 뜨는 순간부터 잠들기 직전까지 경주장 위에서 달리는 인생과 같다. 나는 지하철을 타면 때때로 사람들을 관찰하며 하나님이 주신 마음을 기록하곤 한다. 그러다 알게 된 것은 많은 사람이 무언가에 쫓기듯이 살아간다는 것이다. 누군가 자기보다 앞서가면 빠른 걸음으로 다시 앞서고, 남들보다 서둘러 앉으려 눈치를 본다. 왜 이리 바쁘게 살아가는가? 왜 이리 열심히 살아야 하는가? 우리는 하나님이 우리에게 무엇을 원하시는지 묵상하는 시간을 가져야 한다.

　이 세상은 노동을 포함한 모든 가치를 '돈'으로 측정한다. 그러나 우리는 돈보다 더 높은 가치인 부르심을 위해 사는 자들이다. 돈을 좇아가면 돈이 오지 않지만 부르심을 좇으면 하나님이 공급해주신다. 모든 평안은 하나님 안에 있고 그 안에 완전히 들어갈 때 주어진다.

　어쩌면 이 코로나바이러스는 하나님이 우리에게 주신 절호의 기회일지도 모른다. 그러나 현실은 어떠한가? 골방에서 말씀을 읽고 기도하며 칼을 갈아야 할 시간에 무엇을 어떻게 해야 할지 몰라 미디어에만 빠져 있는 것이 현실이다. 청년과 다음 세대여, 미디어라는 영적 마약에서 벗어나라! 남들이 가지 않는 길을 선택하고 하나님 앞으로 나아가야 한다. 인생의 때를 구별하고, 나의 전부를 내어드리기로 결단하는 청년들이 나와야 한다. 우리가 삶을 온전히 내어드릴 때 하나님이 우리의 인생을 이끄시고 그 가운데 놀라운 기적을 행하실 것이다.

5) 레마(Rhema)의 말씀을 따르는 삶

내가 청년이었을 때 앞으로 어떻게 살아가야 하는지, 어떻게 쓰임 받을 수 있는지 몰라 답답했던 때가 있었다. 그 시절 나는 청년부 리더와 장로의 아들로 살았지만, 말씀은 주일 예배 시간에만 봤다. 그런 내가 예수님을 믿는다고 말할 수 있을까? 이것은 일주일 내내 인스턴트 음식만 먹고 건강해지길 바라는 것과 같은 이치이다. 마찬가지로 어떻게 하나님 말씀을 제대로 보지 않고 하나님의 길을 걸어갈 수 있겠으며, 어떻게 기도하지 않고 주님의 뜻을 알겠는가? 불가능하다. 그랬던 내가 하나님을 만나고 딱 두 가지가 변했다. 말씀과 기도에 내 인생을 드리기로 작정한 것이다. 물론 즉각적으로 내 인생이 변한 것은 아니다. 말씀과 기도가 중심이 된 생활을 한 지 일 년 정도 지난 후에야 하나님의 충만한 임재를 느낄 수 있었다.

라디오를 들을 때 주파수를 정확하게 맞추지 않으면 잡음이 껴서 잘 들리지 않는다. 말씀을 읽고 기도할 때 하나님과 친밀하게 교제할 수 있도록 영적인 주파수를 하나님께 맞춰야 한다. 그때 우리는 레마(Rhema)로 임하는 말씀을 알 수 있다. 설령 그 길이 세상 사람들이 볼 때 이해되지 않는 길이라도 일절 고민하지 않고 하나님께 집중할 수 있게 된다. 하나님의 사람은 하나님이 책임지시고 지키신다.

눈물로 씨를 뿌리는 자는 기쁨으로 단을 거두리로다

　미래에 관한 많은 예측이 있지만 결국 성경에 기록된 대로 흘러갈 것이다. 그리고 부와 영적인 양극화도 점점 심해져서 "저렇게 아무것도 없는 사람을 하나님이 왜 쓰시지? 저 사람이 어떻게 저렇게 영적으로 치고 나가지?"라고 생각되는 사람도 빛의 속도로 치고 나가 하나님께 쓰임 받을 것이다.

　성경은 마지막 때 없는 자를 통해 있는 자를, 배우지 못한 자를 통해 배운 자를, 문벌 없는 자를 통해 문벌 있다고 믿는 자들을 부끄럽게 할 것이라고 말씀한다. 하나님께 쓰임 받는 사람이 되기 위한 가장 강력한 훈련은 창조주이신 하나님의 말씀을 읽고 금식하며 기도하는 것이다. 우리는 오직 성령으로 충만해져서 하나님께 몰입해야 한다. 그럴 때 창조와 계시의 영이 임하는 것을 경험할 것이다.

　다가올 대한민국의 십 년을 위한 영적인 사들이 필요하다. 오늘날 미래에 대해 말하는 정치인이 있는가? 미래의 비전을 제시하는 사람이 있는가? 아무도 없다. 기업과 국가 모두 생존을 말하고 있는 지금, 믿음을 가진 자들은 비전을 말하고 하나님이 꿈꾸는 나라를 말해야 한다.

　나 또한 7년 전 금식 기도할 때 30만 기도의 군대를 일으켜 복음의 통일시대를 준비하라는 비전을 받았다. 지금 당장 2명도 없는데 어떻게 30만 명을 모으라고 하시는 건지 참 황당해했던 기억이 난다. 그런데 어느새 만 명에 달하는 기도의 용사가 세워졌다. 얼마 전에는 이스라엘에 전용기를 띄워 텔아비브(Tel Aviv) 공항에 갔다. 7년 전 지하에서 월세도 못 내고 있던 우리가 몇 억을 모아 전용기를 띄웠다는 것은 이 시대에 상상하기도 어려운 일이다. 더 신기한 것은 기도회가 열리는 시간에 비행기가 이륙하고 기도회를 마치는 시간에 맞춰 공항에 착륙했다. 기도할 때 하나님의 예언대로 이뤄지는 것을 경험을 한 것이다. 나는 앞으로 기도 군대 30만 명이 모여 38선이 무너지고 복음으로 통일이 이뤄지길 소망한다. 선교의 불이 일어나 다시 한번 중동과 중국을 뚫어내 땅 끝까지 복음을 전하는 청년과 다음 세대가 일어날 것을 믿는다. 그러려면 누군가는 기도를 심어야 한다.

적당한 신앙생활은 없다. 워라밸은 없다. 이 시대 마지막 주님의 신부와 군인으로서 주님의 길을 걸어가자. 주님은 학생을 부르러 오신 것이 아니라 군인을 부르러 오셨다. 군사로 부름을 받은 자는 상황과 환경에 얽매이지 않고 부르신 자를 위해 전심을 다해야 한다. 이중적인 마음이 아닌 오직 주님 한 분만을 바라보며 나아가야 한다. 예수님의 제자 중 가롯 유다는 두 마음을 품었고 그 결과 주님을 배신했다. 나머지 제자들은 어떠했는가? 모두 십자가의 길을 걸었다. 그들은 하나님의 부름을 받았기 때문에 하나만을 바라보며 나아갔다. 우리도 결단해야 한다. 악한 것에 중독된 나의 영을 주님의 보혈로 덮어주시길 기도하며 하나님의 임재 안에 들어가야 한다.

"주님, 이 시대 가운데 더러운 것들로 나의 영이 오염되었다면 예수의 보혈로 우리를 정결하게 하여 주시옵소서. 나의 눈에 중독된 모든 죄의 사슬들이 오늘 나사렛 예수의 이름으로 풀어지기를 선포합니다. 다음 세대 가운데 주님의 부르심을 향하여 살아가는 비전을 허락하시고, 악한 미디어의 중독이 끊어지길 원합니다. 모든 육신의 정욕과 이생의 자랑과 안목의 정욕의 더러운 영들은 나사렛 예수의 이름으로 명하노니 끊어질지어다. 복음으로 자유롭게 하시고 우리가 두 가지를 추구하는 인생이 아닌 예수 그리스도에게 전심을 다하는 인생이 되게 하여 주시옵소서. 예수님의 이름으로 기도드립니다. 아멘."

DAVID

황성은 오메가교회 담임, 비전스테이션 대표

황성은 목사는 2007년 비전스테이션 미니스트리를 설립했으며, 2013년 오메가교회를 개척하여 마지막 때에 다시 오실 주님의 길을 예비하는 선두주자를 일으키고 훈련하는 일에 헌신하고 있다. 전 세계 1,000개의 대학교 캠퍼스에 강력한 군대와 같은 교회를 개척하는 비전을 품고 헌신하고 있으며 2021년에는 서울에 엔터테이너들을 위한 교회를 개척했다.

HWANG

새로운 시대, 불변의 복음으로 돌파하라

²³ 너희가 거듭난 것은 썩어질 씨로 된 것이 아니요 썩지 아니할 씨로 된 것이니 살아 있고 항상 있는 하나님의 말씀으로 되었느니라 ²⁴ 그러므로 모든 육체는 풀과 같고 그 모든 영광은 풀의 꽃과 같으니 풀은 마르고 꽃은 떨어지되 ²⁵ 오직 주의 말씀은 세세토록 있도다 하였으니 너희에게 전한 복음이 곧 이 말씀이니라

벧전 1:23-25

돌파와 확장을 위하여 간절히 기도하라

히스기야 왕이 듣고 자기의 옷을 찢고 굵은 베 옷을 입그 여호와의 전으로 갔고 왕궁 맡은 자 엘리아김과 서기관 셉나와 제사장 중 어른들도 굵은 베 옷을 입으니라 왕이 그들을 아모스의 아들 선지자 이사야에게로 보내매 그들이 이사야에게 이르되 히스기야의 말씀에 오늘은 환난과 책벌과 능욕의 날이라 아이를 낳으려 하나 해산할 힘이 없음 같도다 _사 37:1~3

기도란 무엇인가? 많은 사람이 자기가 할 수 있는 만큼만 기도한다. 중언부언 기도하며 이것이 기도라고 생각한다. 하지만 성경에 기록된 기도에 응답받은 자들은 누구보다 간절하게 기도했다. 이사야서에 기록된 히스기야의 기도를 살펴보자.

히스기야는 살면서 3번의 큰 위기를 맞았다. 그때마다 히스기야는 환란과 수치, 조롱 속에서도 하나님께 기도를 올려드렸다.

1) 환난과 수치와 조롱을 받을 때 올려 드리는 기도

앗수르의 랍사게가 히스기야에게 항복할 것을 회유했다. 이 환난과 수치의 때에 그가 하나님 앞에 올려드린 기도이다. 인생을 살다 보면 환난과 수치, 조롱을 받을 때가 있다. 관계가 깨지고 재정적으로 막히며 삶에 어려움을 겪는다. 그때 우리는 어떻게 대처해야 할까.

나는 사역자들을 엄격하게 훈련한다. 마지막 때 이들이 청년과 다음 세대를 살릴 장군들로 일어나야 하기 때문이다. 하나님은 우리에게 큰일을 맡기길 원하신다. 우리를 사용하고 싶어 하신다. 기름 부어주고 함께 뛰기를 원하신다. 그러기 위해선 우리가 더욱더 성장하고 강해져야 한다. 큰 그릇이 되어야 한다. 그렇기에 하나님은 우리를 연단 시키신다.

당신은 지금 어떤 시간을 보내고 있는가? 환난이 닥쳤는가? 수치의 때인가? 동서남북으로 사방이 막혔는가? 그렇다면 지금이 바로 무릎을 꿇고 간절히 기도할 때이다. 히스기야는 그렇게 하나님의 응답을 받았다.

2) 옷을 찢고 굵은 베옷을 입고: 절박함과 간절함의 기도

히스기야는 옷을 찢고 굵은 베옷을 입고 기도했다. 성경에서 옷을 찢는 상황은 두 가지 경우이다. 먼저 스스로 옷을 찢는 것은 회개를 의미한다. 그러나 누군가에 의해서 옷이 찢기는 경우는 수치를 뜻한다. 내 죄악이 수치스럽게 다른 사람에 의해 들춰지는 것이다. 우리는 수치의 때가 오기 전에, 누군가에 의해 옷이 찢기기 전에 스스로 옷을 찢어야 한다.

이것이 회개이다. 히스기야는 옷을 찢고 굵은 베옷을 입고 기도했다. 간절한 마음으로 절박하게 주님께 기도드렸다.

우리의 기도는 어떠한가? 오늘날 간절한 기도가 사라져간다. 가슴을 찢는 기도가 식어간다. 지금 이 땅에는 예수님이 하셨던 것처럼 땀이 핏방울 될 때까지 기도를 올려드리는 중보자들을 찾아보기 어렵다. 히스기야는 정치적 위기 앞에서 옷을 찢고 굵은 베옷을 입고 주님에게 기도드렸다. 간절하고 절박하며 진실하게 기도했다. 우리의 삶에도 히스기야의 절박한 기도, 간절한 기도가 회복되길 간절히 소망한다.

3) 여호와의 성전에 들어가다: 성전 중심의 신앙

히스기야는 성전 중심의 신앙생활을 했다. 무슨 일만 있으면 성전에 들어갔다. 협박 편지를 받았을 때도, 생명의 위협을 느낄 때도 성전에 들어가서 기도했다. 그러나 안타까운 것은 오늘날 많은 사람이 성전 중심의 신앙생활에서 멀어지고 있다. 자기의 뜻에 따라 먼저 생각하고 움직인다.

성전 중심의 신앙이 왜 필요한가? 하나님의 음성은 성경과 교회를 통해 분별할 수 있기 때문이다. 하나님이 허락하신 각자의 몸 된 교회가 있고 영적인 리더가 있다. 이것이 공동체가 중요한 이유이다. 환난의 때에 섬기는 교회를 찾아가 새벽을 깨우며 간절히 부르짖어라. 담임 목사님께 기도를 요청하라. 그때 주님이 응답하실 것이다. 우리 주님은 당신이 건강한 공동체에 깊숙이 결속되기를 원하신다.

금식 첫날 LA은혜한인교회 설립자이신 김광신 목사님을 만나 뵈었다. 꼭 한번 뵙고 싶었던 분이었다. 목사님은 서울대학교 영문과를 졸업하시고 미국에서 큰 사업을 하시던 중 42세 때 예수님을 강렬하게 만나셨다. 그 후 모든 재산을 헌금하시고 46세의 나이에 교회를 개척하셨다. 목사님은 늦은 나이에 목회를 시작하셨음에도 원대한 꿈을 꾸셨다. 바로 복음 전파와 하나님 나라의 확장을 위해 8,000개의 교회를 개척하는 것이었다.

그리고 86세이신 현재, 이 교회는 단일 교회 중 가장 많은 교회를 개척하여 기네스북에 등재되었다. 미팅에 동석하셨던 수석 부목사님이 13,000개의 교회가 개척된 후로 더는 그 수를 세지 않는다고 말씀하실 만큼 수많은 교회가 세워졌다. 나는 존경하는 목사님께 조언을 구했다.

"목사님, 저도 청년과 다음 세대를 일으키고 싶고 전 세계 캠퍼스 앞에 1,000개의 교회를 개척하는 것이 저의 비전입니다. 단순히 교회의 부흥을 넘어서 주님이 기뻐하시는 선교적인 교회를 개척하고 싶습니다. 한국 땅과 열방을 살리는 교회, 다시 오실 주님의 길을 예비할 수 있는 교회로 성장하고 싶습니다. 목사님의 돌파 비결이 무엇입니까?"

나는 지금도 김광신 목사님의 대답을 잊지 못한다. 한평생 주님께 삶을 드려 선교하신 목사님의 말씀은 아주 단순했다.

"기도하십시오. 계속 기도하십시오." 옆에 계신 사모님이 한마디 더 얹으셨다.

"그냥 기도하면 안 됩니다. 간절하고 절박하게 기도하십시오."

그 말씀이 내게 묵직하게 다가왔다. 기도를 흉내 내는 것이 아니라 간절하고 절박하게 기도하라는 것이다. 그리고 주님 안에서 기도한 모든 것이 이루어진 줄로 믿으라는 것이다. 김 목사님께 안수기도를 받으며 내 안에 뜨거운 눈물이 흘렀고 하나님 나라를 향한 큰 갈망이 일어났다.

'주님, 저도 김광신 목사님처럼 한평생 살고 싶습니다. 제가 86살이 되어 휠체어를 타고 다닌다고 할지라도 열방을 다니며 제자들을 격려하고 때로는 책망하며 용돈도 보내줄 수 있는 주의 종이 되게 하소서. 전 세계 1,000개의 캠퍼스 앞에 교회를 세우고 젊은이들을 일으킬 수 있는 주의 종이 되게 하소서. 나이가 80이 되고 90이 돼도 청년과 다음 세대를 살리기 위해 발버둥 치는 목사가 되게 하소서. 제 생명 다해 젊은이들을 살릴 수 있는 주의 종이 되게 하소서.'

나는 너를 애굽 땅에서 인도하여 낸 여호와 네 하나님이니 네 입을 크게 열라 내가 채우리라 _시 81:10

예수님은 누구신가? 영원히 죽을 수밖에 없는 우리를 구원해주신 분이다. 하늘 보좌 버리시고 십자가에서 위대한 신적 교환을 이루신 분이다. 우리는 예수 그리스도의 죽음을 헛되게 하지 말아야 한다. 무엇을 먹을까, 무엇을 입을까, 무엇을 위해 살아갈까 고민하지 말자. 허탄한 것에 마음 뺏기지 말자. 오직 주님 나라를 위해 우리 삶을 드리자. 우리의 10대가 지나기 전에 헌신해야 한다. 20대가 지나기 전에 헌신해야 한다. 30대, 40대가 지나기 전에 헌신해야 한다.

쓰임 받는 사람은 자신이 주의 종이요, 주의 자녀라는 확신이 있다. 아직 쓰임 받기에 부족한가? 준비가 덜 됐다고 생각되는가? 주님은 실력을 보시지 않는다. 마음의 중심이 하나님께 고정돼 있으면 사용하신다. 나도 마찬가지이다. 주위에 실력 있는 사람은 많다. 그런데 옆에 두고 평생 가고 싶은 사람은 마음의 중심이 정확한 사람이다. 좀 부족해도 맡은 일에 최선을 다하는 사람이다. 이들의 부족한 부분은 내가 충분히 채워줄 수 있다. 나도 이런 마음인데 우리 주님은 오죽하겠는가.

돌파와 확장을 위하여 약속의 말씀을 붙들라

1) 예장통합의 2016 청년 보고서

약 130년 전 복음이 들어온 대한민국은 한때 선교 대국이라 불렸다. 발길이 닿는 곳마다 교회를 개척했다. 그러나 시즌이 달라졌다. 한국 교회가 급속도로 무너지고 있다는 것이 신학자들과 목회자들의 공통된 의견이다. '예장통합 2016년 청년 보고서'에 의하면 당시 전국에 통합 측 소속 교회가 8,799개 있다고 한다. 그중 청년 공동체와 청년 예배가 있는 교회는 2,156개로 전체 교회의 24%에 해당하는 수치이다. 청년 출석 인원은 6만1183명으로 집계되는데 미 출석 인원이 4만5210명이며 전체 성도에서 청년은 2.19%에 불과하다. 즉, 굉장히 빠른 속도로 청년들이 교회를 이탈하고 있다는 것이다.

2015년 어간에 많은 사람이 한국 교회의 골든타임은 10년이라고 예상했다. '2025년이 되면 한국 교회는 반 토막 날 것이다.'라는 말이 여기저기에서 나왔다. 그러나 코로나바이러스가 창궐하면서 2021년 혹은 2022년도쯤에 한국 교회가 반 토막 날 것이라는 예측이 나오고 있다. 이렇듯 우리는 지금 한 번도 경험치 못한 시대에 살고 있다.

2) 하나님을 알지 못하는 세대

백성이 여호수아가 사는 날 동안과 여호수아 뒤에 생존한 장로들 곧 여호와께서 이스라엘을 위하여 행하신 모든 큰 일을 본 자들이 사는 날 동안에 여호와를 섬겼더라 여호와의 종 눈의 아들 여호수아가 백십 세에 죽으매 무리가 그의 기업의 경내 에브라임 산지 가아스 산 북쪽 딤낫 헤레스에 장사하였고 그 세대의 사람도 다 그 조상들에게로 돌아갔고 그 후에 일어난 다른 세대는 여호와를 알지 못하며 여호와께서 이스라엘을 위하여 행하신 일도 알지 못하였더라 이스라엘 자손이 여호와의 목전에 악을 행하여 바알들을 섬기며 _삿 2:7~11

여호수아는 리더의 자질을 갖춘 하나님의 사람이었다. 훌륭한 스승인 모세 옆에서 하나님의 초자연적 이끄심을 경험했으며 전쟁에 능하고 성품과 태도가 준비된 자였다. 그런데 한 가지 안타까운 점이 있다. 그는 다음 세대를 놓쳤다. 자신의 DNA를 전수해줄 제자를 키워내지 못했다.

'큰 일을 본 자들이 사는 날 동안에 여호와를 섬겼더라'

장로들과 여호수아가 살아있는 동안에는 여호와를 섬겼다. 하지만 그들이 죽고 난 뒤, 하나님을 전혀 알지 못하는 다른 세대가 일어났다. 이 모습이 오늘날 한국의 모습이라고 생각하니 마음이 굉장히 아프다. 대한민국은 겨우 130년 만에 꺾이고 있다.

3) 유대인의 다음 세대 신앙전수

이스라엘은 BC 586년에 바벨론 느부갓네살 왕에게 멸망했지만, 하나님의 은혜로 70년의 종살이를 마친 뒤 예루살렘으로 귀환할 수 있었다. 그런데도 이들은 말씀과 기도가 아닌 바벨론 땅에서 배워온 세속적인 방법으로 하나님을 섬겼다. 바벨론의 죄악을 그대로 가져와 이스라엘 땅에 풀어냈다. 그 결과, 하나님의 진노와 책망, 징계가 임하면서 구약 시대가 끝이 난다. 430년간의 영적 암흑기 후에 예수님이 이 땅에 오셔서 십자가에서 신적 교환을 이뤄내셨고 사도들에 의해 복음이 전파되었다. 그리고 이때 많은 그리스도인이 로마군에게 핍박과 환난을 겪었다.

AD 70년이 되자 로마의 티투스 장군이 예루살렘 성전을 훼파했다. 로마 군병들이 금으로 도금됐던 성전을 다 벗기고 돌 하나까지 깨서 조각을 내버렸다. 구약성경에 '돌 위에 돌까지 다 무너질 것이다.'라는 말씀이 성취된 것이다. 예루살렘 성전이 이렇게 무너졌다. 그 후 이스라엘 백성들은 전 세계로 뿔뿔이 흩어지며 나라가 멸망했다.

그런데 놀랍게도 1948년에 이스라엘이 다시 회복되었다. 열방에 흩어져 있던 이스라엘 사람들이 예루살렘으로 모이기 시작했다. 최근에도 알리야 운동(유대인 디아스포라들이 이스라엘로 돌아오는 것)을 통해 에

티오피아에 있던 이스라엘 사람들이 예루살렘으로 돌아왔다. 미국에서 어마어마한 사업을 하던 유대인들도 이스라엘이 회복될 것이라는 하나님의 약속을 굳게 믿고 이스라엘 땅으로 돌아왔다. 지금 이스라엘은 회복되고 있다. 어마어마한 경제 강국으로 세워지고 있다. 어떻게 이러한 일이 가능할까? 이는 바로 그들이 말씀을 붙들었기 때문이다.

1990년대 한국 교회는 젊은이들이 가득하고 대학 캠퍼스마다 찬양이 울려 퍼졌다. 그러나 불과 30년이 지난 오늘, 청년과 다음 세대가 교회를 떠나고 있다. 그 이유가 무엇인가? 우리는 약속의 말씀, 즉 쉐마(Shema)를 놓쳤기 때문이다.

우리가 반드시 회복해야 하는 쉐마

이는 곧 너희의 하나님 여호와께서 너희에게 가르치라그 명하신 명령과 규례와 법도라 너희가 건너가서 차지할 땅에서 행할 것이니 곧 너와 네 아들과 네 손자들이 평생에 네 하나님 여호와를 경외하며 내가 너희에게 명한 그 모든 규례와 명령을 지키게 하기 위한 것이며 또 네 날을 장구하게 하기 위한 것이라 이스라엘아 듣고 삼가 그것을 행하라 그리하면 네가 복을 받고 네 조상들의 하나님 여호와께서 네게 허락하심 같이 젖과 꿀이 흐르는 땅에서 네가 크게 번성하리라 이스라엘아 들으라 우리 하나님 여호와는 오직 유일한 여호와이시니 너는 마음을 다하고 뜻을 다하고 힘을 다하여 네 하나님 여호와를 사랑하라 오늘 내가 네게 명하는 이 말씀을 너는 마음에 새기고 네 자녀에게 부지런히 가르치며 집에 앉았을 때에든지 길을 갈 때에든지 누워 있을 때에든지 일어날 때에든지 이 말씀을 강론할 것이며 너는 또 그것을 네 손목에 매어 기호를 삼으며

네 미간에 붙여 표로 삼고 또 네 집 문설주와 바깥 문에 기록할지니라 _신 6:1~9

1) 유일 신앙: 오직 한 분인 여호와

이스라엘아 들으라! 하나님은 '쉐마, 이스라엘'을 외치시며 오직 주님만이 왕이심을 선포하신다. 초대교회가 엄청난 핍박을 받을 당시 도미티아누스(Domitian) 황제는 자신이 신이라고 주장했다. 심지어 '가이사가 나의 주인이십니다.'가 이 시대의 인사말이었다. 그리스도인들은 오직 예수님만이 우리의 왕이라는 믿음 때문에 이 말을 절대 할 수 없었다. 그리고 이 믿음을 지키기 위해서 수없이 많은 사람이 고난을 겪었고 순교했다. 심지어 땅을 파고 들어가 자녀 세대의 그다음 세대에 이르기까지 약 250년 동안 빛 한줄기 없는 지하에서 살아야만 했다.

로마 지배 당시, 길드 조합에 들어가면 온갖 혜택을 받으며 사업을 할 수 있었다. 그런데 이 길드 조합에 들어가려면 '가이사가 나의 주님입니다.'라는 고백을 해야 했다. 그리스도인은 이 고백을 할 수 없었고 믿음을 지키기 위해 자발적 가난의 길을 선택했다. 이것이 그들의 믿음이었다.

청년과 다음 세대여, 세상의 부귀영화, 유명세에 마음을 뺏기지 마라. 맘몬 앞에 굴복하지 마라. 오히려 우리는 예수님 때문에 온전히 인생을 드릴 수 있는 사람들로 일어나야 한다. 이것이 예수 그리스도를 믿는 것이다. 예수님 때문에 내가 하고 싶은 것을 포기하고 심지어는 죽음도 불사르는 것이다. 믿는다는 말은 라틴어로 '크레도(credo)'라고 한다. '크레(cre)'는 '심장'을, '도(do)'는 '드린다'는 것을 의미한다. 즉, 심장을 드리는 것이 믿음이다. 진정한 믿음은 죽음을 선택하는 것이다. 마치 예수님이 우리를 위해 생명을 바치신 것처럼.

2) 예배 확립: 온 마음, 영혼, 힘을 다하여 네 하나님 여호와를 사랑하라

5절 말씀에 '너는 네 온 마음을 다하고 영혼을 다하고 힘을 다해서 네 하나님 여호와를 사랑하라'고 말씀하신다. 이는 예배를 의미한다. 예배는 화려한 조명과 고음질의 사운드시스템으로 찬양하는 것이 아니다. 온 마음을 다하고 영혼을 다하고 힘을 다하여 여호와를 사랑하는 것이 예배이다. 마음과 정성과 뜻과 목숨을 다하여 주 하나님을 사랑하는 것이다. 이런 예배자들이 메시지를 선포할 때 성령님이 임하시고 하늘 문이 열릴 것이다.

3) 말씀 전수: 네 마음에 새겨 자녀들에게 가르치라

말씀은 그리는 것이 아니라 우리의 심령에 새기는 것이다. 그리고서 우리의 자녀들에게 부지런히 가르쳐야 한다. 길을 걸어갈 때도, 밥을 먹을 때도, 집에 갈 때도, 누워있거나 앉을 때도 자녀들에게 잘 가르쳐야 한다. 우리 가슴에 새겨진 이 말씀을 자녀들에게, 친구들에게, 예수님 믿다가 떠난 가나안 성도들에게 가르쳐야 한다. 이것이 '쉐마'이다. 이스라엘 백성은 이 쉐마의 말씀에 미쳐있었다.

4) 토라포션: 매일 읽어야 할 분깃

토라포션은 장막절부터 다음연도 장막절까지 매일 읽어야 할 분량의 말씀이다. 그들은 말씀을 읽고 깊이 묵상했으며 심령에 새겨 자녀들에게 가르쳤다. 나라가 멸망해 뿔뿔이 흩어져 있었지만 '토라포션', 즉 그날 읽어야 할 분량의 말씀을 읽고 묵상했다. 이스라엘에 가면 통곡의 벽 앞에 수많은 랍비와 유대인이 몸을 앞뒤로 흔들며 말씀을 읽고 있다. 오감을 총동원해 말씀을 받겠다는 것이다. 이들에게는 말씀을 향한 사모함이 있다.

망했던 나라가 다시 회복할 수 있던 원동력은 '하나님 말씀'이었다. 이 말씀이 우리 삶의 기준이 돼야 한다. 좋은 학교, 직장이 우리의 기준이 아니다. 유명인의 발언이 우리의 기준이 되면 안 된다. 이것들은 다 썩어 없어질 것들이다. 오직 말씀만이 영원하다. 꽃은 시들고 풀은 마르지만, 하나님의 말씀은 영원하다. 우리는 이 말씀을 신뢰해야 한다.

5) 말씀을 통한 회복 운동: 갈보리 채플과 척 스미스 목사

미국은 1960년대 정치적, 경제적으로 격동과 혼란의 시간을 보냈다. 시대적 상황과 내면의 공허함을 채우지 못한 허무주의가 결합하여 히피 문화가 강력하게 일어났다. 또한 사회 곳곳에 세속적인 문화가 만연했다. 젊은이들이 캘리포니아 해안가에서 마약을 하고 성관계를 자유롭게 행했다. 사회가 엉망이었다. 이런 시대에 척 스미스(Chuck Smith) 목사님이 25명의 청년과 함께 코스타 메사지역에 '갈보리 채플(Calvary Chapel)'을 개척했다. 목사님에게 쾌락과 음란에 빠진 히피들과 수많은 젊은이를 향한 긍휼, 갈망의 마음이 부어졌기 때문이다. 목사님은 매일같이 해안가에 가서 내일이 없는 듯 사는 히피들에게 복음을 전했다. 오직 예수님만이 길이라고 외쳤다. 예수님만이 인생의 허무함을 해결할 열쇠라고 선포했다. 그리고 그들 중 복음을 받아들이는 자가 있으면 그 자리에서 안수하고 세례를 주었다.

당시 히피들은 통기타를 즐겨 연주했다. 목사님은 그 당시 유행하던 곡조에 그들의 간증을 붙여 부르게 했다. 오늘날로 말하면 BTS의 노래에 자신의 신앙고백을 붙여 예배 시간에 부르는 것이다. 그렇게 전 세계를 강타한 마라나타 음악이 탄생했고 이것이 CCM의 시작이었다.

또한 목사님은 '예수 사람 운동(Jesus People Movement)'을 일으키고 '갈보리 채플 바이블 칼리지(Calvary Chapel Bible College)'를 설립하셨다. 말씀을 본질 그대로 가르치며 성도를 저자화하기 위해 학교를 세운 것이다. 목사님은 말씀에 소망이 있음을 굳게 믿으셨고 그 결과 허무주의에 빠졌던 히피들의 심령이 깨지기 시작했다. 1972년부터 매월 900여 명이 코로나 델 마 비치에서 세례를 받고 미국 전역에 1,400개의 교회가 개척되는 놀라운 역사가 일어났다.

우리의 인생도 돌파와 확장을 경험할 수 있다. 말씀에 붙들리면 당신도 회복될 수 있다. 하나님께 쓰임 받는 삶을 살 수 있다. 이것이 말씀의 능력이다. 청년과 다음 세대여, 말씀을 사모하라! 새로운 시대, 뉴노멀 시대에도 여전히 살아서 역사하는 불변의 복음을 꿀들라!

당신은 반드시 회복되어 쓰임받게 될 것이다.

새로운 시대, 불변의 복음

초판 발행	2021. 3. 28.
발행인	황성은
책임편집	장수지
편집	김남은, 김은수, 박민진, 백믿음, 안수빈, 엄은설, 장인애, 황은진
번역	남기현
교열	박윤진, 이보연
디자인	김수정, 양시온
발행처	리바이벌서퍼
주소	대전시 유성구 대학로 82 8층
전화	(042)824-3242
이메일	revivalsurfer@naver.com
출판등록	2020. 7. 9. 제29호
책값	뒤표지에 있습니다
ISBN	979-11-971766-2-3 03230

리바이벌서퍼(Revival Surfer)는 부흥의 파도를 타는 사람을 의미합니다. 특별히 청년과 다음 세대를 통하여 시작될 대부흥의 역사를 기대하는 마음으로 문서사역을 하고 있습니다.